슬기로운
환자생활

슬기로운 환자생활

발 행 2024년 1월 6일 초판 1쇄
저 자 김기덕
발행처
발행인 최영민
대표전화 031-8071-0088
팩스 031-942-8688
주소 경기도 파주시 신촌로 16
전자우편 hermonh@naver.com
인쇄제작 미래피앤피

등록번호 제406-2015-31호
출판등록 2015년 03월 27일

ISBN 979-11-92520-74-2 (13510)

당신의 생활습관이 평생 건강을 좌우한다

슬기로운 환자생활

가정의학과 전문의
| **김기덕** 지음 |

HERMONHOUSE

서문

세 살 버릇 여든 간다는 말이 있다. 한 번 든 습관은 고치기 쉽지 않다. 가랑비에 옷이 젖는 줄 모른다는 말처럼 사소한 습관이라도 반복되면 큰 질병으로 이어질 수도 있다. 흡연으로 폐암이 생기거나, 음주로 간경화가 발생하는 것들을 예로 들 수 있다. 뿐만 아니라 운동을 조금 게을리하거나 디저트 등 단 음식을 즐기는 것만으로도 비만이나 당뇨병으로 이어질 수 있으며, 이런 질병은 뇌졸중이나 심혈관질환 등으로 발전하여 심각한 결과를 초래할 수도 있다. 폐암이나 간경화, 뇌졸중이나 심장마비처럼 무시무시한 질병의 시작이 사소한 습관으로부터 발생하는 것을 명심하자.

나쁜 습관을 좋은 습관으로 바꾸는 것만큼 경제적이고 효과적인 치료제가 없다. 술 담배를 멀리하는 것만으로도 폐암과 간경화로부터 멀어질 수 있고, 운동이나 음식 조절을 하는 것만으로도 뇌졸중이나 심장마비를 예방할 수 있다. 실제로 좋은 생활 습관은 고혈압 환자와 당뇨병 환자에서 혈압약 한 알, 당뇨병약 한 알 만큼의 효과를 가져온다. 즉, 생활 습관으로 약을 대신할 수 있다는 것이다.

고혈압이나 당뇨병과 같은 질병 들은 숫자로 된 진단 기준이 있다. 증상이 전혀 없지만, 나중에 합병증을 유발할 수 있는 수치를 그 진단 기준으로 삼는다. 이 기준은 어느 날 갑자기 기준치를 넘어서는 것이 아니다. 나쁜 습관이 오래 반복될수록 점점 더 진단 기준에 가까워진다.

실제로 고혈압과 당뇨병은 진단 기준을 충족하기 이전에 전 단계라는 것이 있다. 전 단계에서는 고혈압과 당뇨병으로 더 잘 진행하기 때문에 적극적인 생활 습관 요법을 하도록 경각심을 주기 위해 만든 기준이다. 전 단계에서는 노력에 따라 전 단계를 유지하거나 정상으로 더 개선될 수도 있다. 전 단계가 아니라 정상 수치인 경우에도 관리를 꾸준히 하면 전 단계로 진행할 가능성은 낮아진다. 따라서 좋은 생활 습관은 환자나 전 단계에 있는 사람들에게만 필요한 것이 아니라 모두에게 필요하다.

요즘은 흔히 정보의 홍수 시대라고 한다. 신문, 잡지, TV를 넘어서 블로그, SNS에 유튜브까지. 누구나 자기 목소리를 낼 수 있는 시대가 되면서 오히려 전문가는 소외되는 느낌을 받는다. 잘못된 건강 상식이 범람하고 있지만, 진료실에서는 검사 결과와 치료 계획을 설명하기에도 시간이 벅차서 잘못된 정보를 바로잡거나 더 좋은 생활 습관에 관하여 설명할 시간이 부족하다.

이런 여러 가지 문제들에 대한 인식으로 '대한생활습관병' 학회가 만들어졌다. 대한생활습관병 학회는 정확하고 제대로 된 생활 습관을 국민에게 알리고 실천 가능한 방법을 제시하기 위해 설립되었다. 이렇게 좋은 취지로 운영되는 학회에서 학술 이사로 함께하면서 좋은 생활 습관의 중요성과 필요성에 대해 더 깊이 이해하게 되었고, 널리 알려야겠다고 생각하게 되었다.

따라서 이 책을 통해 진료실에서 미처 전하지 못했던 생활 습관에 관한 이야기가 여러 사람에게 전달되었으면 하는 바람이다. 그리고 우리의 생활 습관이 진짜 약보다 더 좋은 약이 되길 바란다.

추천사

우리나라 고혈압 환자는 약 1,200만 명이고, 성인 6명 중 1명이 당뇨병으로, 당뇨병 환자는 매년 증가하고 있다. 또한, 10명 중 4명은 당뇨병 전(前) 단계에 해당한다. 더불어 성인의 절반 가까이에서 이상지질혈증이 있다. 이런 만성질환은 잘 관리되지 않으면 심각한 합병증을 초래할 수 있어서 늘 관리가 필요하다. 건강한 생활습관은 당뇨병약, 혈압약 한 알 정도의 효과가 있다고 한다. 대한생활습관병학회에서는 좋은 생활 습관에 관해 연구하고 올바른 생활 습관을 알리기 위해 노력하고 있다. 저자는 학회 학술 이사로 있으면서 그동안 학회에서 고민했던 내용을 모아 이 책에 잘 담아냈다.

오한진 | 대한가정의학회 회장, 대한생활습관병학회 회장

제가 진료했던 환자분들이 대전으로 이사하거나 대전에 사는 지인들의 건강관리가 필요할 때, 0.1초의 주저함 없이 자신 있게 추천할 수 있는 가정의학과 전문의가 바로 저자입니다. 지난 10

여 년간 모임에서 만날 때마다 그의 박식함과 쉽게 설명하는 능력에 늘 감탄하곤 했었는데, 이번에 출간한 〈슬기로운 환자생활〉에 십수 년간의 건강 상담 노하우를 잘 녹여낸 흔적들이 곳곳에 묻어나네요. "이런 거 의사도 알까?", "이런 거 물어보면 싫어할 텐데…"라고 하는 질문들에 대한 해답을 찾고 싶은 만성질환 환자 및 보호자들이 이 책에서 많은 해답을 얻을 수 있으리라 확신합니다.

황희진 | 가톨릭관동대학교 국제성모병원 건강증진센터장 겸 가정의학과 과장,
대한갱년기학회 총무부회장

요즘은 누구나 건강수명을 얘기하며, 건강기능식품과 피트니스센터 등이 그 대안이 되기도 한다. 하지만 진짜 지속 가능한 건강은 우리 삶 속에 있어야 할 것이다. 저자가 말하는 생활 습관이야 말로 가장 현실적이고 일상적인 정답이 아닌가 싶다. 건강관리회사를 운영하는 대표로서 이 책의 내용에 동감하며, 우리의 주된 서비스 역시 같은 취지에서 더 발전시켜야겠다는 생각이 든다. 독자들에게도 큰 공감대가 있었으면 하는 바람이다.

안효조 | GC케어 대표이사

간혹 환자가 되어 진료실에서 담당 의사와 대화하다가 모르는 전문용어를 듣거나, 시간에 밀려 진료실을 나가야 할 때는, 비록 나도 의사이지만 어딘가 불편한 느낌에 사로잡힙니다. 한정된 시간에 많은 환자를 진료해야만 하는 한국의 진료현장에서, 의사와 환자의 제대로 된 소통이 이루어지지 못해 쌓이는 오해들을 저자의 지혜와 경험이 담긴 이 한 권의 책으로 인해서 조금이나마 해결될 것을 기대하며 추천합니다.

송영동 | 교토대 의학박사, 코넬의대 협력병원 뉴욕 HSS(Hospital for Special Surgery) 정형외과

빠르게 업데이트되고 넘쳐나는 의학 정보 홍수 속에서 정말 정확한 건강 지침서를 찾고 있다면, 이 책을 추천한다. 이 책은 반드시 필요한 기본 의학 지식부터 최신 연구 내용까지 업데이트되어 있다. 특히 임상에서 꾸준히 환자를 진찰하며 기본 의학은 물론 기능 의학까지 마스터한 김기덕 소장님께서 실용적이고 전문적인 내용을 꾹꾹 눌러 담았다. 이 책을 머리맡에 두고 읽으며 하나하나 다음날부터 실천한다면 여러분들의 건강과 삶은 더욱 향상될 거라 믿는다.

이윤경 | 차의과대학 교수, 차움 디톡스슬리밍 센터장

〈슬기로운 환자생활〉은 고혈압, 이상지질혈증, 당뇨병, 비만, 골다공증, 갱년기, 만성피로 증후군에 대한 통찰력이 있는 가이드로, 현대인들에게 특히 흔한 건강문제와 궁금증을 풀어주는 필수적인 지식을 제공하고 있다. 특히 고혈압의 역사적인 배경부터 기준의 변화, 아스피린과 오메가3를 먹어야 하는지 말아야 하는지와 같은 궁금증, 스타틴과 같은 고지혈증 치료제가 부작용은 없는지 환자들이라면 궁금하지 않을 수 없는 문제들을 근거 자료와 이해를 돕는 쉬운 언어로 설명하고 있다. 이 책을 읽음으로써 독자들은 흔히 접하게 되는 건강문제와 그에 대한 궁금증들에 대해 쉽게 답을 찾을 수 있을 것이다.

오윤환 | 중앙대학교병원 가정의학과 과장, 셀렉트핀 대표

차례

8장 만성피로 증후군

들어가며

생활습관병?

◇◇◇◇◇◇◇◇◇◇◇◇

처음에는 우리가 습관을 만들지만,
그다음에는 습관이 우리를 만든다.
– 존 드라이든 –

생활 습관은 우리가 살아가는 방식을 말한다. 음식을 먹거나, 음악을 듣거나, 운동하거나 혹은 아무것도 하지 않고 쉬거나…. 우리의 하루를 채우는 이런 습관들은 비록 사소한 것일지라도 건강에 영향을 줄 수 있다. 가랑비에 옷 젖는지 모른다는 말처럼, 모르고 지내다 어느 날 갑자기 아프면 그것이 잘못된 습관 때문이었음을 깨닫는 경우가 적지 않다.

예를 들면, 식사 후에 마시는 차의 온도가 높다면 열에 의한 식도 손상이 누적될 수 있다. 이것이 매일 누적되면 식도에 커다란 손상이 지속되고 급기야 식도암으로 이어질 수도 있다. 실제로 이런 뜨거운 차 문화를 공유하고 있는 지역들에서 식도암 발생률이 높게 나타났다. 북부 이란에서 홍차 온도와 식도암 발생률의 연관성을 조사한 결과 차의 온도가 60도 미만인 경우에 비해 65도 이상인 경우는 식도암 발생률이 8배나 높게 나타났다. 차를 즐기는 중국에서도 비슷한 결과를 보였다.

습관에 의해 발생하는 질병을 생활습관병이라고 하는데, 과식과 과음 등은 대표적인 나쁜 생활 습관으로 고혈압, 당뇨병, 비만 등의 질병을 초래한다. 그리고 비만에 따른 퇴행성 관절염 등의 위험도 커지게 된다. 먹을 것이 귀하던 시절 음식을 많이 먹을 수 있었던 부자들에게 생기는 병이라고 해서 스웨덴에서는 '유복병'이라고 불렀다고 한다. 독일에서는 문명이 발달한 나라에서 생기는 병이라고 하여 '문명병'이라고 했으며, 일본에서는 '성인병'이라는 말을 사용했다. 대부분 퇴행성 질환으로 나이가 들면서 발생하는 질병이었기 때문이다.

그런데 최근에는 발병 연령이 빨라지면서, 비만의 경우 소아 비만과 같이 어린 나이에도 발병하기 때문에 더는 성인병이라는 말은 적절하지 않다. 이런 이유로 1996년 일본 공중위생 심의회는 생활습관병의 개념을 도입했다. 식습관, 운동습관, 휴양, 흡연, 음주 등의 생활 습관이 질병의 발병과 진행에 관여하는 질환 군을 생활습관병으로 정의했다. 우리나라에서는 2017년 대한생활습관병 학회가 창립되어 생활 습관의 중요성을 연구하고 널리 알리는 활동을 하고 있다.

다만 생활습관병이라는 말에는 약간의 아쉬움이 있다. 병이 생긴 이유가 환자 개인의 잘못이라는 인식을 줄 수 있기 때문이다. 우리가 게으르고 관리를 하지 않아서 생긴 병으로 보일 수 있기 때문이다. 물론 생활 습관이 질병과 관련이 있을 수도 있지만, 병이 생기는 원인은 수만 가지다. 예방 접종을 하고 마스크를 써도 독감에 걸리는 것처럼, 최선을 다해 건강 관리를 해도 질병이 피해 가는 것은 아니다. 가령, 약물이나 다른 내분비 질환에 의해 비만이 발생하는 경우도 있고, 흡연을 하지 않아도 환경오염에 따른 폐질환이 발생하는 경우도 있기 때문이다.

다시 홍차로 넘어가서, 실제로 차 문화를 가진 나라들에서 식도암 발생률이 높다. 개인을 넘어 지역이나 세대가 공유하고 있는 생활 습관과 그들이 공유하는 질병에는 인과성이 있으며, 전통문화뿐 아니라 외부 요인에 의해서도 영향을 받는다.

장수마을로 유명했던 일본 오키나와는 미군 기지 등의 영향으로 서구식 식재료와 음식들이 도입되어 시간이 지나면서 그 영향이 나타나 현재는 일본에서 기대 수명이 가장 짧고 비만율이 가장 높은 지역이 되었다. 반대로 70년대까지 일본에서 가장 단명한다던 지역 중 하나였던 나가노는 현재 남성 평균 수명이 일본에서 가장 높은 지역으로, 그 이유는 전후 시작된 싱겁게 먹기 운동 때문으로 보고 있다. 1960년대 염분 섭취량이 20g이 넘던 나가노 주민들은 90년대 들어 10g으로 염분 섭취량이 감소했고, 그 결과 심혈관계 질환 사망자가 급감했다.

냉장고도 우리의 식습관에 영향을 주었다. 냉장고는 소금에 절여서 음식을 보관했던 기존의 방식을 개선하여, 아시아의 많은 국가가 냉장고를 도입하면서 위암 발생률이 감소했다.

이처럼 생활 습관 개선 효과가 내일 당장 나타나는 것은 아니지만, 시간이 누적되면서 뚜렷하게 드러난다. 싱겁게 먹기 운동처럼 좋은 생활 습관을 가진 사람들이 점점 많아져서 새로운 문화나 전통으로 자리 잡게 될 수도 있다. 최근에는 흡연하는 사람들도 많이 줄었고, 저녁에 술자리 회식보다는 거리를 달리는 사람들이 많이 보인다. 건강에 관심이 높아지면서 건강한 생활 습관에 관한 관심도 점점 더 높아지고 있다.

건강은 타고나는 것?

유전자는 총알을 장전하고,
생활 습관이 방아쇠를 당긴다.
– 메멧 오즈

오랫동안 한국은 위암이 잘 발생하는 나라였다. 한국 사람은 위암이 잘 발생하는 유전자를 가진 걸까? 학창 시절 실제로 그렇게 생각했던 교수님들도 계셨다. 그런데, 2010년 이후로 위암 발생률이 매년 5%씩 감소하고 있다. 암 발생률에서 남녀 모두 1등이었는데, 남성에서는 폐암에 이어 2등으로 내려왔으며, 여성에서는 5등이다.

2010년에 한국인의 유전자가 바뀐 걸까? 유전자 코드는 보통 2만 년에 0.2% 정도 변하는 것으로 알려져 있다. 아마도 그사이에 바뀐 것이 있다면 오히려 유전자를 뺀 나머지일 것이다.

우리가 가지고 있는 모든 유전 정보의 총합을 유전체, 즉 게놈(Genome)이라고 한다. 그리고 반대로 비유전적인 모든 요인, 즉 우리가 일생에 걸쳐 마주치는 모든 환경을 엑스포솜(Exposome)이라고 한다. 즉, 식습관, 음주, 흡연, 스트레스, 환경오염, 경제적 능력, 장내 미생물, 호르몬, 운동 등이 모두 여기에 해당한다. 이 엑스포솜은 다시 유전자의 발현에 영향을 준다. 엑스포솜에 의해 나쁜 유전자가 발현될 수도 있고 그 반대일 수도 있다.

환경의 중요성을 말할 때 가장 대표적으로 언급되는 것은 피마 인디언이다. 애리조나 남부의 길라 강은 2천 년 이상 피마 인디언의 고향이었다. 사막 기후에 적응하고 사막 식물을 먹으면서 농사를 지었다. 옥수수, 콩, 목화 등을 재배하고 물고기 낚시를 했다. 이들이 보호구역으로 이주하게 되고, 애리조나 지역의 물 수요 증가로 댐을 건설하게 되면서 피마 인디언이 사용할 수 있는 물이 점차 감소하여 생활 습관이 변화하게 된다. 더는 사냥과 농사를 하지 않고 정부가 제공하는 빵, 치즈, 햄으로 식사를 해결하면서 서구식 식생활이 시작되어 고지방, 고칼로리 식사를 반복하게 된다.

그 결과?

애리조나 피마 인디언은 전 세계에서 당뇨병 유병률이 가장 높으며, 절반 이상이 제2형 당뇨병을 앓고 있다. 피마 인디언은 멕시코에도 있는데, 유전적으로 거의 동일한 멕시코 피마 인디언의 당뇨병 발생률은 약 7% 정도이다. 생활 습관의 변화로 인해 당뇨병 발생 위험이 7배나 늘어났다.

암도 예외가 아니다. 암의 경우는 이민자 연구를 하는데, 이민자들은 유전자는 변하지 않지만, 환경의 변화를 크게 경험하게 된다. 일본도 우리와 마찬가지로 위암 발생률이 높은 나라인데, 하와이 이민 1세대, 2세대로 세대를 거듭하면서 위암 발생률이 감소했다. 이민 2세대의 경우에는 일본 본토의 위암 발생률에 비해 거의 절반 이하로 감소했다. 반면, 유방암의 경우는 반대의 양상이다. 일본은 유방암 발생률이 낮지만, 하와이로 이주한 일본인의 딸과 손녀에게서는 유방암 발생률이 증가한다. 대장암도 마찬가지다. 이민 1세대부터 서구인과 비슷한 수준의 대장암 발생률을 보인다.

질병이 발생할 수 있는 유전적 요인이 있더라도 건강한 생활 습관을 유지하면 위험을 최대한 줄일 수 있다. 물론 타고 나는 부분도 있겠지만, 그보다는 생활 습관이 훨씬 더 중요하다. 그러므로 부모탓을 하기보다 오늘부터 좋은 생활 습관을 실천하도록 하자.

슬기로운

환자생활

CHAPTER

1

고혈압

오늘 아침 주치의가 내 혈압이 너무 낮다고 해서

나는 신문을 읽기 시작했다.

– 로널드 레이건 –

고혈압이란?

물리학에서 압력은 단위 면적에 수직으로 작용하는 힘을 말한다. 심장은 수축과 이완을 반복하면서 혈액을 앞으로 밀어내는데, 이때 혈액을 밀어내는 힘이 혈압이다.

최초로 혈압을 측정한 사람은 스티븐 헤일스라는 영국 성직자였다. 1773년 동물들의 목동맥에 유리관을 연결해서 얼마나 높이 혈액이 올라가는지 측정하는 실험을 했다. 혈압이 높을수록 유리관 높은 곳까지 혈액이 솟아올랐을 것이다. 다행인 것은 이 방법으로 사람의 혈압을 측정하지 않았다는 점이다.

사람의 혈압을 측정할 수 있는 장비는 100년쯤 지나서 1881년에 등장하는데, 손목의 동맥 위에 피가 통과하지 않을 때까지 수은이나 물을 넣은 다음 높이를 측정하는 방식이었다고 한다. 혈액이 통하지 않으면 맥박이 뛰지 않을 테니까, 점점 무게를 더해 맥박이 사라지는 시점으로 혈압을 측정한 것이다. 1900년대가 되면서 수은 혈압계가 널리 사용되었고, 지금도 혈압의 단위를 수은 기둥의 높이로 사용하고 있다. 혈압 측정의 단위로 사용되는 mmHg(밀리미터 머큐리라고 읽는다)에서 Hg는 수은의 원소기호이고 mm는 길이를 의미한다. 혈압이 120/80mmHg라고 한다면 심장이 수축하는 수축기에는 압력이 수은 기둥 120mm(12cm) 정도에 해당하고, 이완기에는 80mm(8cm)에 해당한다는 의미이다. 현재는 미나마타 협약으로 수은이 들어간 체온계와 혈압계는 사용하지 못하지만, 혈압의 단위는 여전히 수은 기둥의 높이로 이용한다.

수은 대신 물로 측정하면 안 되냐고? 수은보다 물이 훨씬 가볍기 때문에 물기둥으로 하면 높이가 13배 정도 높아져야 한다. 수은 혈압계가 30cm로 300mmHg까지 측정할 수 있다면, 같은 수준으로 측정할 수 있는 물 혈압계라면 높이가 4m 가까이 되어야 한다.

1900년대가 되면서 혈압을 측정할 수 있게 되긴 했지만, 혈압이 상승하는 것이 질병인지 자연스러운 노화인지 논란이 있었다. 1940년대 심혈관질환은 미국인들의 주된 사망 원인으로 전체 사망자의 절반 이상이 심혈관질환에 의한 것이었지만 관련된 지식이 턱없이 부족하여, 이를 운명으로 받아들이기도 했다.

미국 대통령이었던 루스벨트 역시 고혈압의 희생자 중 한 명이었다. 두 번째 임기가 시작된 1937년 그의 혈압은 이미 170/100mmHg로 심각했지만, 평소 두통과 부비동염을 주된 문제로 생각했기 때문에 이비인후과 의사를 주치의로 지명했으며, 주치의는 혈압이 계속 높아지는 와중에도 나이를 먹음에 따른 자연스러운 현상으로 보고 문제가 없다고 했다. 미군이 노르망디에 상륙한 1944년 6월 루스벨트의 혈압은 226/118mmHg로 매우 치명적인 상태였다. 이후 1년 뒤 뇌출혈로 사망할 당시 혈압은 300/190mmHg에 이르렀지만, 주치의는 원인 불명의 사망이라고 발표했다.

대통령의 사망으로 심장질환과 뇌졸중 같은 심혈관계 질환에 관한 관심이 커지면서 국가 심장 법안(National Heart Act)과 미국 심장 연구소가 만들어졌으며 관련된 연구를 지원했다. 원인을 찾기 위한 연구가 시작되면서 1948년 미국 심혈관 역학연구의 산실인 프레이밍햄 심장 연구가 시작되었다. 매사추세츠의 작은 마을인 프레이밍햄에서 30세부터 62세 사이의 남녀 5,209명을 대상으로 계속 추적 관찰하는 연구였다. 5,209

명은 당시 프레이밍햄에 거주했던 전체 인구의 2/3에 해당하는데, 2년 간격으로 계속 검사를 받고 있다. 이 연구는 현재도 계속 진행 중이며 그 후손들까지 연구에 참여하고 있다.

지금은 맞고 그때는 틀리다

1948년 시작해 10년간의 연구를 거쳐 1957년 혈압이 160/95mmHg 이상인 경우, 관상동맥질환 발생률이 4배 이상 상승한다는 결과를 발표하고 이를 고혈압으로 정의했다. 하지만 당시에는 혈압약이 없어서 혈압을 조절할 수도 없었고, 나이가 들면서 피할 수 없는 노화의 일환이라는 의미로 '본태성 고혈압'이라고 불렀다.

1950년대 후반에 이르러 이뇨제가 개발되면서 혈압 조절이 가능해졌고, 1964년 시작된 미국 재향군인 연구에서(수축기 혈압이 아닌) 이완기 혈압을 90~129mmHg로 조절하면 뇌졸중과 심부전의 발생뿐 아니라 사망률이 감소하는 효과가 있다는 결과가 발표되었다. 이후 미국 심장 · 폐 연구소에서는 1972

년 교육 프로그램을 시작했으며, 가장 중요한 활동은 고혈압에 대한 국가 공동위원회를 구성하여 구체적인 고혈압 관리안을 만드는 것이다.

JNC라고 하는 이 위원회는 1977년 최초의 보고서를 발표했다. 임상연구가 거의 없었던 시기였기 때문에 대부분 전문가의 의견을 바탕으로 했다. 이완기 혈압이 105mmHg 이상인 사람은 모두 고혈압 치료를 받아야 한다고 권고했고, 이완기 혈압이 90~104mmHg인 경우에도 위험 요인을 고려해 고혈압 치료를 받도록 권고했다. 당시에는 수축기 혈압 조절이 이득이 될지는 분명하지 않다고 강조했으며, 고혈압의 치료와 진료에 있어서 수축기 혈압에 대한 권고 사항이 별도로 없었다.

1980년이 되면서 JNC는 두 번째 권고안을 발표했는데, 마찬가지로 이완기 혈압을 기준으로 고혈압을 정의했다. 90~104mmHg는 경증 고혈압, 105~114mmHg는 중등도 고혈압 그리고 115mmHg 이상을 중증 고혈압으로 분류했다. 그리고 1984년 세 번째 권고안에 이르러 수축기 혈압이 고혈압의 기준에 포함되었고 140/90mmHg이 오랫동안 고혈압의 기준으로 사용되었다.

가장 큰 변화를 보인 것은 2003년에 발표한 일곱 번째 권고안으로 120~139/80~89mmHg를 고혈압 전 단계로 규정했다. 이렇게 정한 이유는 이 그룹에서 향후 2~4년에 20% 이상 고혈압이 발생할 가능성이 있어 주의가 필요했기 때문이다.

이때만 해도 고혈압의 기준은 여전히 140/90mmHg였으나 2017년이 되면서 이 기준도 변화하여 고혈압의 정의도 변화했다. 이전까지는 혈압을 낮추었을 때 이로 인한 위험보다 이득이 큰 것을 증명된 수치로 정의했다. 즉, 약물치료로 혈압이 감소했을 때 심혈관계 질환의 발생률이 감소하면 그 수치를 고혈압으로 본 것이다. 140/90mmHg인 경우 수축기 혈압을 10~20mmHg, 이완기 혈압을 5~10mmHg 낮추면 뇌졸중은 30~40%, 허혈성 심질환은 15~20% 정도 감소하기 때문에 이 수치를 고혈압의 기준으로 사용했었다. 하지만, 2017년이 되면서 고혈압은 이런 개념 대신에 심혈관계 위험성이 상승하는 수치를 의미하게 되었다.

그 근거가 되는 연구는 SPRINT라는 임상시험이었는데, 수축기 혈압이 130~180mmHg인 건강한 50세 이상 환자들 약 9천여 명을 대상으로 절반을 나눠 반은 통상적인 수준 140mmHg 이하로 조절하고, 나머지는 120mmHg 이하로 조절했더니, 120mmHg로 더 철저하게 조절한 그룹에서 심혈관 사건(심근경색, 관상동맥 증후군, 뇌졸중, 급성심부전, 심혈관계 질환에 의한 사망)이 25%나 낮게 나타났고, 사망률도 27% 낮게 나타났다. 이처럼 140mmHg에 비해 120mmHg로 조절하는 것의 효과가 입증되어 고혈압의 정의를 변경하는 배경이 되었다.

다만 이 연구에서는 혈압 측정 방법이 우리의 일상적인 측정 방법과는 조금 달라서 그 수치를 그대로 적용하긴 어렵다. 즉, 자율 측정 방법이라는 것을 이용했는데, 조용한 방에 혼자 들어가 등받이가 있는 의자에 앉아서 5분간 휴식한 후 자동 혈압계로 측정했으며, 약간의 간격을 두고 세 번 측정한 혈압의 평균값을 사용했다. 일반적으로 이런 측정 방법은 의료진이 진료실에서 수동으로 측정하는 경우에 비해 수축기 혈압은 10~20mmHg, 이완기 혈압은 3~12mmHg 정도 낮은 것으로 알려져 있다.

2017년에 발표된 이 기준을 그대로 받아들일 것인가에 대해 논란이 많았다. 당시 미국 가정의학회는 이 기준을 반대했다. SPRINT 연구 결과에 너무 큰 비중을 두었고 다른 연구 결과들을 과소평가했기 때문이라고 이유를 밝혔다.

그해 초 미국 가정의학회와 미국 내과학회는 수축기 혈압을 150mmHg 완화할 것을 권고하는 가이드라인을 발표하기도 했다. 우리나라에서도 당시 이 기준을 받아들일 것인지에 대한 논의가 많았다. 2018년 대한고혈압학회는 고혈압의 기준은 140/90mmHg를 유지했지만, 정상혈압은 120/80mmHg로 수축기 120mmHg, 이완기 80mmHg 미만을 모두 충족하는 경우 정상으로 분류했다. 수축기 혈압이 120~129mmHg이면서 이완기 혈압이 80mmHg 미만이면 '주의 혈압'으로 분류하고, 수축기 혈압이 130~139mmHg이거나 이완기 혈압이 80~89mmHg인 경우에는 '고혈압 전 단계'로 분류했으며, 2022년 새로 개정된 고혈압 진료 지침에서도 이런 기준을 유지하고 있다.

고혈압의 기준은 계속 변해왔고 앞으로도 변할 것이다. 의학적 기준은 유통기한이 짧은 편이다. 가장 최근의 연구 결과들을 기준으로 최선의 진료를 위해 의사들은 노력하고 있다. 병원에 오래 다니다 보면, 의사가 하는 말이 바뀌거나 약이 바뀌거나 하는 경우들이 있다. 일관성이 없어서 환자가 혼란스러워진다거나 의사에 대한 신뢰가 사라질 수도 있지만, 보통 이런 경우는 가장 최근의 의견을 반영하는 과정에서 생겨나는 일이기도 하다.

➔ 2023년 우리나라의 고혈압 기준

		수축기 혈압 (mmHg)		이완기 혈압(mmHg)
정상 혈압		<120	그리고	<80
주의 혈압		120~129	그리고	<80
고혈압 전 단계		130~139	또는	80~89
고혈압	1기	140~159	또는	90~99
	2기	160 이상	또는	100 이상
수축기 단독 고혈압		140 이상	그리고	<90

국민병 고혈압

우리나라 성인 3명 중 한 명은 고혈압으로, 1,200만 명이나 해당하는 대표적인 '국민병'이다. 전 세계적으로도 사망 위험 요인 중 1위를 차지한다.

우리나라 사람들은 60세를 넘어서면서 남녀 모두 고혈압 유병률이 50%를 넘어선다. 즉 환갑 이후에는 남녀 두 명 중 한 명은 고혈압이라는 의미이다. 일반적으로 남성에서 고혈압이 발생하는 경우가 더 많지만, 폐경기인 50세를 넘어서면서 고혈압이 발생하는 여성이 급격하게 늘기 시작하여 70세가 되면 여성의 고혈압 유병률이 남성을 앞서게 된다. 보통 50대에는 남편만 혈압약을 먹는 경우가 많지만 60대가 되면서 부부가 같이 혈압약을 먹는 경우가 많아진다. 검진 등을 통해 고혈압을 진단받고 치료를 시작하면서 50대 이후에는 혈압 조절이 잘 이뤄지지만, 30~40대의 경우에는 고혈압이 있는지조차 모르는 경우도 많아서 치료에도 소홀한 편이다. 대한고혈압학회에서는 20세 이상 성인에서는 2년 간격으로 혈압 측정을 권고하고 있으며, 40세 이상, 고혈압 가족력, 고혈압 전 단계(130~139/80~89mmHg), 비만인 경우에는 고혈압으로 진행할 가능성이 높아서 매년 측정할 것을 권고하고 있다.

일반적으로 115/75mmHg를 기준으로 수축기 혈압이 20mmHg, 이완기 혈압이 10mmHg 상승할 때마다 심뇌혈관질환에 의한 사망률이 2배씩 높아지는 것으로 알려져 있다. 135/85mmHg이면 2배, 155/95mmHg이면 4배, 175/105mmHg이면 8배나 높아진다. 국내 연구에서도 심뇌혈관 질환의 1/4은 고혈압에 의해 발생하는 것으로 나타났다. 따라서 혈압이 120/80mmHg를 넘어서면 적극적으로 생활 습관 요법을 시작해야 한다.

고혈압의 생활 습관 요법

고혈압을 조절하기 위해 엄청난 비법이 있는 것은 아니다. 모두가 아는 기본적인 것들을 실천해야 한다. 건강한 식사 습관, 운동, 금연, 절주. 여기서 중요한 점은 실천이다. 좋은 생활 습관은 혈압약 한 개만큼 혈압을 낮추는 효과가 있는 것으로 알려져 있다. 다만 수축기 혈압이 160mmHg 이상이거나 이완기 혈압이 100mmHg 이상인 2기 이상의 고혈압에서는 생활 습관만으로는 목표 혈압까지 낮추기 어려우므로 처음부터 생활 습관 개선과 약물치료를 병행하는 것이 중요하다.

가장 널리 알려진 생활 습관 요법은 저염식이다. 하루 소금 섭취를 6g으로 제한할 것을 권고하고 있다. 한국인은 평균 10g의 소금을 섭취하는 것으로 추정되며, 이는 세계보건기구의 하루 소금 섭취 권장량인 5g의 두 배에 달하는 높은 수준이다. 하루 10g을 섭취하는 고혈압 환자가 소금의 양을 절반으로 줄이면 수축기 혈압이 4~6mmHg 감소한다. 소금의 양과 나트륨양을 혼동할 수 있는데, 소금의 양을 2.5로 나누면 나트륨양이 된다. 소금 섭취 권장량은 티스푼 하나 정도로 6g에 해당하며 이는 나트륨으로는 2.4g에 해당한다. 특히 고령자, 비만 · 당뇨병 또는 고혈압의 가족력이 있는 경우에는 소금에 더 민감하기 때문에 저염식을 하면 혈압이 효과적으로 떨어진다.

대표적인 반찬인 김치, 찌개, 국, 젓갈 그리고 라면, 마른안주 등에는 소금이 많으므로 주의가 필요하다. 국은 건더기 위주로 섭취하고 간은 나중에 필요한 만큼, 그리고 짠맛 대신 신맛(식초), 고소한 맛(참기름, 들기름), 매운맛(고춧가루, 마늘, 파), 향이 강한 맛(후추, 양파, 카레 가루) 등으로 맛을 내면 저염식 식사의 실천에 도움이 될 수 있다. 저염식을 위해서는 국물을 먹지 않기 위해 젓가락으로만 식사하는 것도 도움이 될 수 있다.

체중 감량도 중요하다. 고혈압은 체중과 밀접한 관계가 있으며 특히 복부비만은 심혈관질환에 의한 사망률과도 밀접한 관련이 있다. 고혈압 환자가 표준 체중을 10% 이상 초과하는 경우 5kg 정도만 체중을 줄여도 뚜렷한 혈압 감소 효과를 얻을 수 있다. 특히 당뇨병, 고지혈증, 좌심실 비대가 동반된 환자에게서 도움이 되며, 운동, 절주, 저염식을 병행하면 혈압이 더 많이 감소할 수 있다. 체질량지수(BMI)를 25kg/m², 허리둘레를 남성은 90cm, 여성은 85cm로 낮출 것을 권고한다. 하루아침에 체중을 줄이기가 쉽지 않기 때문에 우선은 4~5kg 정도 감량을 시도하고 필요에 따라 추가로 더 감량하는 방식을 따르는 것이 좋다. 체중 감량에 대해서는 '4장 비만'에서 설명하는 내용을 참조하자.

절주도 중요한데, 진료실에서 사람들과 이야기하다 보면 적정 음주량에 대한 기준이 개인마다 차이가 매우 크다는 것을 알 수 있다. 음주량은 알코올양을 기준으로 하는데 남성은 하루 20~30g, 여성은 10~20g 미만으로 줄일 것을 권고하고 있다. 체중이 낮은 사람은 알코올에 더 민감하기 때문에 여기서 절반으로 줄여야 한다. 30g의 알코올은 맥주 720mL(1병), 와인 200~300mL(1잔), 정종 200mL(1잔), 위스키 60mL(2 샷), 소주 2~3잔(1/3병)에 해당한다. 편하게 각 술의 전용 잔으로 한 잔 정도를 기준으로 하면 되겠다.

운동도 빼놓을 수 없다. 운동하면 혈압이 감소하고, 심폐기능이 개선되며, 체중이 줄고 스트레스도 해소되는 등 고혈압 환자에게 유리한 부분이 많다. 먼저 유산소 운동을 권장하는데, 중요한 것은 운동 강도라고 할 수 있다. 미국 심장학회는 높은 강도의 운동을 일주일에 75분 하거나 중등도 강도의 운동을 150분 할 것을 권고하고 있다. 가능한 매일 운동할 것을 권장한다. 중요한 것은 강도인데, 3~4시간씩 평지를 천천히 걷는 것은 여기서 말하는 운동에 해당하지 않는다.

보통은 최대심박수를 기준으로 한다. 최대심박수는 220에서 나이를 뺀 숫자이다. 만약 40세라면 '220−40=180'으로 최대심박수는 180이 된다. 중등도 강도는 최대심박수의 50~70%를 의미한다. 최대심박수가 180이라면 180의 50~70%로 심박수가 적어도 90~126회 정도 되어야 중등도 강도 운동이라고 할 수 있다. 높은 강도 운동은 심박수가 최대심박수의 70~85%인 경우이다. 최대심박수가 180이라면 심박수가 적어도 126회 이상 되어야 높은 강도 운동이라고 할 수 있다. 시계 등을 이용해 심박수를 측정할 수 있다면 운동 강도를 체크해보자. 혹은 10초간 뛰는 심박수에 6을 곱하면 분당 심박수를 쉽게 계산할 수 있다.

심박수 계산이 어렵다면 다음의 표를 참조한다.

나이	최대심박수	높은 강도 운동	중간 강도 운동
25	195	136~165	98~136
30	190	133~161	95~133
35	185	130~157	93~130
40	180	126~153	90~126
45	175	123~149	88~123
50	170	119~145	85~119
55	165	116~141	83~116
60	155	112~136	80~112
65	150	109~132	78~109
70	145	105~128	75~105
75	140	102~123	73~102

만약 심박수를 측정하는 것이 어렵다면 다음 내용을 기준으로 참고할 수 있다.

▪ 중간 강도의 운동은 호흡이 빨라지지만, 숨이 찬 정도는 아니면서, 10분 정도 운동하면 가벼운 땀이 나고, 대화는 가능하지만, 노래는 할 수 없는 정도에 해당한다.

▪ 높은 강도의 운동은 숨이 찬 운동으로, 깊고 빠르게 호흡해야 하며, 몇 분 내에 땀이 나기 시작하는 정도이고, 숨을 쉬기 위해 멈추지 않고 이어서 몇 단어 이상 말할 수 없는 정도에 해당한다.

더불어서 주 2~3회의 근력 운동을 병행할 것을 권고한다. 다만 혈압이 조절되지 않는 경우에는 주의가 필요한데, 이유는 무거운 것을 들 때 일시적으로 혈압이 상승할 수 있기 때문이다. 혈압이 잘 조절되고 합병증이 없는 경우라면 운동량을 서서히 늘릴 수 있지만, 협심증 등의 심장병이 있는 경우, 가슴 통증이나 어지럼증이 있는 경우, 이전에 심한 운동을 해본 적이 없는 65세 이상, 혹은 다른 위험인자가 있는 경우라면 담당 의사와 운동에 대해 미리 상담해볼 것을 권장한다.

금연도 마찬가지다. 담배에 포함된 니코틴은 일시적으로 혈압과 맥박을 상승시킨다. 병원에서 측정하는 혈압에는 큰 차이가 없지만, 24시간 활동 혈압에서 살펴보면 낮 동안 혈압을 높이는 것으로 나타났다. 흡연은 그 자체로 심혈관질환의 위험 인자이므로 고혈압 환자가 아무리 혈압을 잘 조절해도 금연하지 않으면 심뇌혈관 질환의 위험을 피하기 어렵다. 다만 금연 보조를 위해 사용하는 저용량의 니코틴은 혈압을 높이지 않기 때문에 안전하게 사용할 수 있다. 금연 후에는 체중이 증가할 수 있으므로 운동을 병행하는 것이 좋다.

건강한 식사는 다소 추상적이지만, 고혈압과 관련해서는 채식 위주의 식사를 생각하면 된다. 고기를 많이 먹는 경우에 비해 채식을 하는 경우가 혈압이 낮으며, 이는 과일, 채소, 섬유질의 섭취 증가와 포화지방산 섭취 감소에 의한 복합적인 효과로 생각된다. 과일과 채소 섭취를 늘리면 수축기 혈압이 3mmHg 감소하고, 지방 섭취 감소까지 하면 6mmHg 정도 감소한다고 한다. 과일, 채소와 생선을 더 많이 섭취하면서 지방을 줄이는 대시 다이어트(DASH Diet)를 하는 경우 혈압이 11/6mmHg 감소하는 것으로 나타났다.

전반적으로 생활 습관 개선에 따른 혈압 감소 효과는 다음과 같다.

- 소금 섭취를 하루 6g 이하로 제한하면 5.1/2.7mmHg 감소
- 체중을 1kg 줄일 때마다 1.1/0.9mmHg 감소
- 술을 하루 2잔 이하로 줄이면 3.9/2.4mmHg 감소
- 하루 30~50분, 주 5회 이상 운동하면 4.9/3.7mmHg 감소
- 채식 위주의 건강한 식습관을 하면 11.4/5.5mmHg 감소

사람마다 고혈압 치료 목표가 다르다고요?

생활 습관 요법으로도 잘 개선되지 않는다면 약물치료를 시작한다. 혈압이 잘 조절되지 않는다면 가급적 미루지 말고 빨리 시작하는 것이 좋다. 이때 치료를 시작하는 시점이나 치료 목표(얼마나 낮출 것인지)는 개인마다 차이가 있다.

만약 심뇌혈관질환(뇌졸중, 일과성 뇌허혈, 혈관성치매, 협심증, 심부전, 심방세동)이나 만성 콩팥병(3~5기)이 있는 경우라면 고혈압이 아니라 고혈압 전 단계(130~139/80~89mmHg)부터 약물치료를 시작한다. 이 그룹은 심뇌혈관질환 발생 위험이 15% 이상으로 고위험군에 해당하기 때문이다. 그다음에는 심뇌혈관질환과 관련된 위험인자를 따져본다.

심뇌혈관 위험인자는 다음과 같다.

- 나이(남성은 45세 이상, 여성은 55세 이상)
- 당뇨병과 65세 이상은 위험인자 2개로 간주
- 조기 심뇌혈관질환의 가족력(부모, 형제자매 중 55세 미만 남성, 65세 미만 여성에서 발병한 경우)
- 흡연
- 비만(체질량지수 25kg/m² 이상) 또는 복부비만(남성 90cm, 여성 85cm 이상)
- 이상지질혈증(총콜레스테롤 220mg/dL 이상, LDL-콜레스테롤 150mg/dL 이상, HDL-콜레스테롤 40mg/dL 미만, 중성지방 200mg/dL 이상)
- 당뇨병 전 단계(공복혈당장애 또는 내당능장애)

1개 이상 해당하면 1기 고혈압부터(140~159/90~99mmHg) 적극적인 약물치료를 시작해야 하고, 위험인자가 없다면 1기 고혈압의 3개월 이내로 생활 습관 요법을 시도해 볼 수 있다. 다만 위험인자가 없는 경우에도 2기 고혈압(160/100mmHg 이상)이라면 약물치료를 시작해야 한다.

목표 혈압은 대부분 140/90mmHg 미만이지만, 위험인자가 3개 이상인 경우 고위험군으로 130/80mmHg 미만을 목표로 한다. 무증상 뇌졸중, 좌심실 비대, 알부민뇨, 죽상경화반,

관상동맥 석회화 점수 400점 이상, 고혈압성 망막증 등과 같은 무증상 장기 손상이 있는 경우에도 130/80mmHg 미만을 목표로 한다. 일반적으로 뇌졸중 환자의 경우 수축기 혈압 조절 목표를 140mmHg로 하지만 작은 혈관이 막혀 발생하는 증상이 없는 뇌경색인 열공성 뇌경색의 경우에는 수축기 혈압을 130mmHg로 조절한다. 열공성 뇌경색 환자를 대상으로 한 연구에서 130mmHg로 조절했을 때 뇌출혈의 발생이 감소했기 때문이다.

아스피린을 먹고 있어요

심혈관질환이 있는 환자에게서는 재발을 예방하기 위해 아스피린을 먹는 것이 도움이 될 수 있다. 심뇌혈관질환은 없지만, 위험인자를 갖고 있는 40~70세에서는 예방 목적으로 저용량의 아스피린을 고려할 수 있다. 하지만 70세 이상에서는 득보다 실이 더 클 수 있다. 고혈압의 경우 뇌출혈 위험이 높은데, 아스피린을 복용하게 되면 그 위험성은 더 높아질 수 있다. 또한 위장관에서의 출혈 위험도 높아진다. 따라서 70세 이상 심혈관질환의 위험이 없는 중저 위험도 고혈압 환자에서는 아스피린을 복용하지 않도록 권고하고 있다. 다만 이미 복용하는 경우라면 중단할 경우 발생할 수 있는 위험을 고려해 담당 의사가 판단하도록 했다.

미국의 경우 60세 이상에서는 아스피린을 시작하지 않도록 권고한 바가 있다. 마찬가지로 위장과 뇌의 출혈 위험이 높아질 수도 있기 때문이다. 아스피린을 복용하는 경우 심뇌혈관질환은 11% 감소했지만, 오히려 뇌출혈은 34%, 위장관 출혈은 56%나 증가했기 때문이다.

오메가-3를 먹고 있어요

2023년 미국 심장학회지(JACC)에는 만성 관상동맥질환 환자 관리를 위한 임상 실무 지침 위원회 보고서가 발표되었다. 미국 심장학회 외에 임상약학회, 자문약사협회, 국립지질협회, 심혈관질환예방 간호협회 등 6개 학회가 위원회를 구성해 가이드라인을 발표했다. 2012년 이후 11년 만에 발표된 것으로 그간 진행된 연구 결과들이 반영되었으며 오메가-3에 대해서도 입장을 발표했다. 간단히 말하면 심혈관질환 관련 이득이 없다는 점을 분명히 시사하며 '사용 중단'을 권고했다.

에스키모에서 심혈관질환이 없는 이유가 생선 기름 때문이라는 주장이 제기된 이래, 오메가-3가 심장에 도움이 되는지가 끊임없이 연구되었고 끊임없이 반박되었다. 86개의 임상

시험을 분석한 결과, 영양제로 먹는 오메가-3는 심혈관 사건이나 사망률을 감소시키지 못하는 것으로 나타났다. 다만 처방되는 약물인 아이코사펜트 에틸(icosapent ethyl)의 경우 심혈관질환 사건을 25%, 심혈관질환 사망을 20% 감소시켰기 때문에 치료제로 고려할 수 있다고 했다. 하지만 아쉽게도 우리나라에는 아직 이 약물은 없다.

한편, 오메가-3는 심방세동 발생 위험을 높일 수 있다. 게다가 비슷한 시기에 미국 국립보건원에서는 오메가-3의 일종인 DHA가 높을수록 폐 기능에 도움이 되며, 폐 질환에 걸릴 위험이 7% 떨어졌다는 연구 결과를 발표했다. 이전 연구들은 심혈관질환 이외에 여러 면에서 오메가-3가 도움이 된다는 연구 결과가 있다. 심장과 관련해서 이득이 없다고 해서 다른 부분에도 도움이 되지 않는다고는 결론을 내릴 수 없다. 반면 뚜렷한 이득도 없이 심방세동의 위험을 감수하고 오메가-3를 먹을 이유도 없어 보인다.

이 발표로 오메가-3에 대한 논란이 끝날지, 아니면 다른 주장들이 이어질지는 모르겠다. 개인적인 의견을 말하자면, 가능한 검사를 해보길 권한다. 오메가-3 인덱스라는 검사는 진단이나 치료를 목적으로 하는 검사가 아니라서 보험에는 해당하지 않지만, 건강 상태를 확인하기 위해 검진 목적으로 시행할 수 있으며, 검사 결과에 따라 오메가-3가 부족한지 과도한지를 알 수 있다. 일부 연구에 따르면 한국인의 오메가-3 인덱스는 8%로 충분한 상태이지만, 분포가 넓어서 개인별로는 차이가 큰 편이라고 한다. 부족하면 먹는 것이 좋겠고, 그렇지 않다면 굳이 먹을 필요가 없다는 것이 나의 생각이다.

커피와 심혈관질환

커피도 항상 논란의 대상이다. 커피에 들어있는 폴리페놀이 항산화 역할을 하므로 건강에 도움이 된다는 내용과 혈압을 높일 수 있어 심장에 무리가 될 수 있다는 주장이 늘 부딪힌다. 일반적으로 카페인은 혈압을 높일 수 있다. 그러나 이런 혈압 상승효과는 곧 내성이 생겨서 직접적으로 고혈압으로 발전되지는 않는다.

커피를 마시면 대개 45분 이내에 혈액까지 카페인이 도달하게 되고 개인 차이가 있지만, 그 효과는 보통 2.5~4.5시간 정도 지속한다. 몇몇 약들은 카페인 대사를 방해해서 그 효과가 더 길어지기도 하는데, 경구피임약이나 몇몇 항우울제, 심혈관 관련 약물, 항생제 등이 여기에 해당한다. 반대로 담배를 피우면 카페인 대사가 빨라져서 카페인 효과가 빨리 사라지므로, 다음 커피를 빨리 찾게 되는 원인 중 하나가 된다.

카페인 대사 효소는 간에 있는 CYP1A2인데, 사람마다 차이가 있어서 CYP1A2가 빨리 작동하는 사람은 카페인을 빨리 분해한다. 그러나 반대인 경우는 카페인 분해가 느려져서 카페인 효과가 더 오래 지속된다. 느린 대사형의 경우 커피를 마시는 양에 따라 고혈압 발생 위험이 1.7~3배까지 증가하는 반면, 빠른 대사형에서는 고혈압에 그다지 영향이 없었다.

심근경색 발생 정도를 본 연구에서는, 느린 대사형의 경우 커피를 마시는 정도에 따라 심근경색 발생 위험이 증가했는데, 2~3잔을 마시는 그룹에서는 커피를 안 마시는 그룹에 비해 심근경색 발생률이 36%, 4잔 이상 마시는 그룹에서는 64% 증가하는 것으로 나타났다. 반면 빠른 대사형에서는 커피의 양과 심근경색 발생에 차이가 없었다. 세부적인 연구가 필요하겠지만, 커피에 민감한 경우라면 커피 양을 줄이는 것이 더 바람직하겠다. 커피 맛이 그립다면 오르조(이탈리아어로 보리라는 뜻으로 커피와 비슷한 맛과 향이 난다)나 치커리 등을 이용한 커피 대용품 들도 고려해 볼 수 있다. 1~2잔은 커피로 마시고 나머지는 커피 대용품을 이용하는 것도 좋겠다.

고혈압에 좋은 영양제?

미국 심장학회 권고안에서는 만성 관상동맥질환 환자에서 오메가-3뿐 아니라 비타민C, 비타민D, 비타민E, 베타-카로틴, 칼슘 등도 심혈관 사건 발생의 예방에 도움이 되지 않는다고 발표했다. 이것은 비타민이나 칼슘을 먹지 말라는 이야기는 아니다. 단지 심혈관질환 예방에 도움이 되지 않는다는 이야기이므로, 이런 영양제를 먹으면서 심장질환이 예방될 것이라고 기대하지 않는 것이 좋다는 의미 정도로 받아들이면 될 것이다.

식품의약품안전처에서 인정한 건강기능식품 기능성 원료 인정 현황에 포함된 높은 혈압 감소에 도움이 되는 기능성 원료는 L-글루타민산 유래 GABA 함유 분말, 가쯔오부시 올리고펩타이드, 나토균 배양 분말, 서목태(쥐눈이콩) 펩타이드 복합물, 연어 펩타이드, 올리브잎 추출물, 정어리 펩타이드, 카제인 가수분해물, 코엔자임Q10, 포도씨 효소분해 추출 분말, 해태 올리고펩티드 등이다. 코엔자임Q10을 제외하면 모두 개별 인정형이다.

개별 인정형이란 영업자가 원료의 안전성, 기능성, 기준 및 규격 등의 자료를 제출하여 기능성 원료로 인정받으면 인정받은 업체만이 원료를 제조 및 판매할 수 있는 형태이다. 다만 인정 후 6년이 지나 품목 제조 신고가 50건 이상 되면 고시형 원료로 전환될 수 있다.

개별 인정형이 특정 업체가 허가받아 판매하는 원료라면 고시형 원료는 특정 업체 이외에 여러 업체가 원료로 사용할 수 있는 원료이다. 대개 효과가 좋고 여러 사람이 찾으면 업체들이 제각각 생산하면서 개별 인정형 원료가 고시형 원료로 전환된다. 식약처에서 인정한 혈압 감소에 도움이 될 수도 있는 원료들은 몇몇 연구를 통해 효과를 보였지만, 아직 고시형 원료가 되지 못한 것을 보면 아직 공감대가 부족해 보인다.

추출물을 이용한 연구들은 혈압약과 유사한 작용 기전을 통해 비슷한 정도의 효과를 보였으므로 보험이 되는 혈압약을 대신해 굳이 혈압 조절을 목적으로 기능성 식품을 먹어야 할

지는 의문이다. 다만 고시형 원료인 코엔자임Q10의 경우에는 혈압을 낮추는 것 이외에 항산화 효과 등의 이득도 있고, 특히 고지혈증 치료제를 사용하는 경우에 합성이 감소하기 때문에 도움이 될 수 있다.

루시 이안, 주말 소풍 준비는 다 잘하고 있지?

이안 네 선배님. 모처럼 휴일인데 등산이라니…. 선배님도 짜증 나시죠?

루시 글쎄. 이번 코스는 등산이라기보다 산림욕에 가깝지. 김 박사님도 힘든 건 질색이셔서. 가볍게 걷다 쉬고 올 거야. 나는 산림욕 좋아해. 스트레스도 풀리고, 마음이 편안해져 서….

이안 산에 가면 편해진다는 건 다 지어낸 얘기 아닙니까? 숨만 차고…. 사실상 벌칙이라구요. 쉬는 날 불러내시고.

루시 실제로 그런지 일본에서 연구한 적이 있는데, 280명의 남자 대학생을 두 팀으로 나눠서 반은 산으로, 반은 도시로 보냈어. 길을 걷다가 의자에 앉아서 경치를 보게 한 다음에 스트레스 호르몬과 맥박을 측정했는데, 숲에 있는 팀들에서는 긴장할 때 나오는 교감신경이 감소하고, 스트레스 호르몬도 낮게 나타났지.

이안 그런데 왜 남자만 한 거죠?

루시 아무래도, 여학생들은 생리 등이 호르몬에 영향을 줄 가능성이 있어서….

이안 처음부터 스트레스가 적은 친구들이 산으로 간 걸 수도 있지 않나요?

루시 그래서 그다음에 산으로 간 팀은 도시로, 도시로 간 팀은 산으로 바꿔서 갔는데도 결과는 처음과 비슷했어. 숲이 주는 효과인 셈이지.

이안 그냥 집에서 쉬어도 스트레스가 풀릴 텐데. 굳이 산까지….

루시 면역력도 관련이 있어. 숲에 가면 면역력과 관련 있는 NK 세포의 활성도가 높아지기도 해. 피톤치드 때문이지. 이런 효과는 한 달이나 지속되기 때문에, 면역력을 위해서는 한 달에 한 번 정도 숲에 가면 면역력도 좋아질 수 있어. 그나저나, 이안 선생. 준비물은 다 챙긴 거야?

이안 네 선배님. 자외선을 차단하는 팔토시 하고, 모자를 준비했습니다. 날이 흐릴 것 같은데 선글라스는 어떻게 할까요?

루시 자외선은 구름을 통과하기도 하고, 계곡물에 반사된 자외선이 눈이나 피부에 영향을 줄 수 있으니까, 그래도 선글라스는 준비해. 자외선 차단 소재의 팔토시나 옷이라고 해도 너무 조이면 땀에 젖은 틈으로 돋보기 효과가 생겨서 발진이 더 심해질 수도 있으니까 넉넉한 크기로 준비해라.

이안 그런데 몇 시에 출발하나요?

루시 9시에 모이자고 하시던데. 꼭대기까지는 안 갈 거니까 너무 걱정하진 마. 계곡에서 좀 쉬었다 내려올 거라구.

이안 그래도 모처럼 등산인데 꼭대기까지 가는 게 좋지 않나요?

루시 갈 거면 너만 따로 다녀오던가. 그래서 등산이 아니고 산림욕이라고 한 거야. 몸에 도움이 되는 피톤치드는 오전 10~12시에 가장 많고, 정상에서는 바람 때문에 다 날아가기 때문에 중턱까지만 가는 거야. 이런 거 보면 김 박사님은 정말 합리적인 분이셔. 이안! 너도 즐거운 마음으로 가자. 분명히 마음이 편안해져서 올 거야.

이안 그건 본인이 꼭대기까지 가기 힘들어서 그런 거 아닐까요?

슬기로운

환자생활

CHAPTER

2

이상지질혈증

요즘 내가 가장 좋아하는 칵테일은 리피토 온더록스다.

– 빌 클린턴 –

이상지질혈증이란?

사실 우리가 생각하는 것과 달리 콜레스테롤은 생명 유지에 필수적이다. 모든 생물체의 구조적, 기능적 기본 단위라고 할 수 있는 세포, 이 세포의 막에도 콜레스테롤이 필요하다. 물과 기름이 잘 섞이지 않는 것을 생각해보면 쉽게 이해할 수 있는데, 콜레스테롤이 일종의 막을 형성해 혈액이나 체액으로부터 세포를 보호한다. 그뿐 아니라 성호르몬이나 비타민D, 담즙산을 합성하는데도 콜레스테롤이 필요하다.

이 콜레스테롤은 음식에서 오기도 하지만, 거의 우리 몸의 간에서 만들어진다. 간에서 만들어진 콜레스테롤로 세포막을 만들려면 공사장까지 이 콜레스테롤을 옮겨야 하는데, 이런 콜레스테롤은 그 상태로는 혈액에 거의 녹지 않기 때문에 지단백 혹은 지질단백질이라고 불리는 셔틀을 이용한다. 콜레스테롤은 지단백에 둘러싸인 채로 혈액을 통해 운반된다. 그러므로 우리가 혈액 검사에서 알 수 있는 것은 이렇게 지단백에 둘러싸인 콜레스테롤의 농도이다.

통상 나쁜 콜레스테롤이라고 부르는 LDL-콜레스테롤의 LDL(Low Density Lipoprotein)은 저밀도 지단백을 의미하며, 좋은 콜레스테롤이라고 부르는 HDL-콜레스테롤의 HDL(High Density Lipoprotein)은 고밀도 지단백을 의미한다. LDL-콜레스테롤 자체가 문제가 되는 것은 아닌데, 나쁜 콜레스테롤로 받아들여지는 이유는 LDL-콜레스테롤이 많아지면 혈관에 축적되어 문제를 일으킬 수 있기 때문이다. 반대로 여분의 콜레스테롤을 다시 간으로 보낼 때는 HDL-콜레스테롤 형태로 이동하기 때문에 흔히 좋은 콜레스테롤이라고 한다. 하지만, HDL-콜레스테롤이 매우 높은 경우에는 오히려 문제가 될 수 있으므로 해석에 주의가 필요하다.

이런 콜레스테롤은 음식에서 오는 것도 아니고, 에너지로 사용되는 것이 아니어서 사실 생활 습관과 큰 연관이 없다. 실제로 몇 끼 굶고, 온종일 뛰어도 이 콜레스테롤 수치는 큰 변화가 없다. 즉, 아직도 이 수치를 결정하는 요인이 무엇인지 잘 모른다.

다만 중성지방은 좀 다르다. 중성지방은 음식에서 온다. 당장 필요한 에너지를 제외하고 우리 몸은 나머지를 지방세포에 중성지방 형태로 저장한다. 마지막 식사로부터 시간이 지나 에너지가 부족해지면 지방세포에 저장된 중성지방이 나와 에너지로 사용된다. 특히 간은 식사와 식사 사이에 에너지가 부족한 시기에 중성지방을 만들어서 에너지를 공급한다. 하지만 이 또한 지나치면 문제가 된다. 중성지방 또한 심뇌혈관질환의 원인이다.

나는 이상지질혈증일까?

2022년 한국지질·동맥경화학회가 발표한 우리나라 이상지질혈증 진료 지침에서는 20세 이상 모든 성인은 적어도 4~6년 간격으로 총콜레스테롤, 중성지방, HDL–콜레스테롤, LDL–콜레스테롤, 그리고 총콜레스테롤에서 HDL–콜레스테롤값을 뺀 수치인 Non–HDL–콜레스테롤을 측정하여 이상지질혈증 평가를 받도록 권장하고 있으며, 조기 심혈관질환의 가족력(부모, 형제자매 중 55세 미만 남성, 65세 미만 여성에서 발병한 경우)이 있는 경우 젊은 나이라도 평가해보도록 권장하고 있다.

이상지질혈증 또한 마찬가지로 이상지질혈증과 심혈관질환 위험도에 관한 역학연구 자료와 환자가 속한 인구 집단의 지질 농도 분포 등을 근거로 하므로 나라마다 다를 수 있다. 따라서 진단 및 치료 지침은 각 국가의 데이터를 기반으로 하여 미국, 캐나다, 유럽, 일본 등의 이상지질혈증 진단 및 치료 기준이 모두 다르다.

한국인의 경우 서양인보다 총콜레스테롤과 LDL-콜레스테롤이 높은 이상지질혈증 유병률은 낮지만, 중성지방이 높은 고중성지방혈증과 HDL-콜레스테롤이 낮은 이상지질혈증이 높은 특징을 가지고 있다. 하지만 총콜레스테롤이 190mg/dL만 되어도 허혈성 심장질환의 위험이 증가하므로 콜레스테롤 증가로 인한 위험은 서양인보다 더 큰 편이다.

LDL-콜레스테롤이 160mg/dL 이상, 중성지방이 200mg/dL 이상, HDL-콜레스테롤이 40mg/dL 미만 중 하나 이상에 해당하면 이상지질혈증으로 분류한다. 우리나라의 이상지질혈증 유병률은 38% 정도이지만 40~60대 남성에서는 50% 이상으로 높게 나타나며, 여성의 경우에는 40대까지는 남성보다 매우 낮지만 50대에 41%로 급격하게 증가해 60~70대에는 50% 이상으로 높게 나타난다. 중년 이후에는 두 명 중 한 명이 이상지질혈증이 나타날 정도로 흔한 병이다.

한국인의 이상지질혈증은 다음과 같이 분류한다.

➔ LDL-콜레스테롤(mg/dL)

매우 높음	190 이상
높음	160~189
경계	130~159
정상	100~129
적정	100 미만
총콜레스테롤(mg/dL)	
높음	240 이상
경계	200~239
적정	200 미만
중성지방(mg/dL)	
매우 높음	500 이상
높음	200~499
경계	150~199
적정	150 미만
HDL-콜레스테롤(mg/dL)	
낮음	40 미만
높음	60 이상

다이어트 좀 하고 다시 검사할게요

이상지질혈증 진단 후에는 이렇게 말씀하시는 분들이 적지 않다. 생활습관병이라는 이름이 갖는 문제점 중 하나는 이런 병들이 생활 습관의 문제로 생긴 것이라고 믿는 점이다. 사실 이상지질혈증과 생활 습관의 연관성은 명확하지 않다. 앞서 말한 것처럼 콜레스테롤은 음식에서 오는 것도 아니고 에너지로 쓰이는 것도 아니어서 굶는다고, 혹은 종일 움직이고 운동한다고 해서 수치가 크게 변하는 것은 아니다. 이는 간에서 콜레스테롤을 많이 만들기 때문으로, 어떤 사람은 많이 만들고, 어떤 사람은 적게 만드는지 정확히 밝혀진 바 없다.

미국은 1980년부터 5년 간격으로 미국인의 식생활 가이드라인을 발표하고 있다. 2015년에는 콜레스테롤 섭취를 300mg 미만으로 제한해야 한다는 문구가 삭제되었는데, 음식으로 먹는 콜레스테롤의 양과 혈액의 콜레스테롤 사이에 연관성이 명확하지 않아 제한할 필요성이 확실하지 않았고 오히려 식사의 질을 저하할 수 있기 때문이었다. 다만 단서도 빼놓지 않았다. 먹는 콜레스테롤과 혈중 콜레스테롤 사이의 연관성이 없다고는 하지만 포화지방 섭취와 심혈관계 질환의 연관성 등을 근거로 지방 섭취를 줄일 것을 권유했다.

실제로 이상지질혈증 수치에 음식이 크게 영향을 주지 못하는 것으로 보이지만, 개인 차이가 심하기 때문에 저탄고지를 하는 일부 환자들에서는 콜레스테롤 수치가 매우 높게 관찰되고, 식사를 조절하면 호전되는 경우도 있다. 또, 수치에 영향을 주지 않는다고 하더라도 심혈관계 질환과 연관성이 있으므로 주의가 필요하다.

불우한 어린 시절을 보냈던 클린턴은 어려서부터 햄버거로 끼니를 해결하던 때가 많았다고 한다. 대통령이 되고 나서도 가장 좋아하는 음식 중 하나가 맥도날드여서 백악관을 몰래 빠져나와 햄버거를 사 먹곤 했다. 대통령직을 퇴임하고 몇 년이 지나 심장에 혈액을 공급하는 왕관 모양의 혈관인 관상동맥혈관이 4개나 막혀 새로운 혈관을 연결하는 관상동맥우

회술을 받았다. 그 뒤로 6년이 지나 좁아진 관상동맥을 확장하는 시술을 새로 받았다. 그다음 달 미국의 유명한 중견 언론인 클럽인 '그리드아이언클럽'에 저녁 초대를 받은 자리에서 그의 건강을 걱정하는 질문에, 요즘 자신이 가장 좋아하는 칵테일은 '리피토 온더록스'라는 답을 남겼다. 리피토는 화이자에서 판매하는 고지혈증 치료제의 이름이다. 어쨌든 일반적으로 음식이 콜레스테롤 수치에 큰 영향을 주지는 않지만, 심혈관질환이 발생하는 것과 무관한지는 아직 조심스럽다. 때문에 제한 문구가 사라진 것은 정확한 수치에 대한 합의가 없고 혈액 검사 수치와 일관된 연관성을 보이지 않는다는 의미이므로 많이 먹어도 상관이 없다는 뜻은 아니다.

2018년 국내 이상지질혈증 치료 지침에서는 고콜레스테롤혈증이 있는 경우만 콜레스테롤 섭취량을 300mg 미만으로 제한할 것을 권고하며, 2022년 진료 지침에서는 이상지질혈증 예방을 위해 일괄적으로 콜레스테롤을 제한할 필요는 없으나 고콜레스테롤혈증이 있는 경우 섭취를 주의하도록 했다. 다만 이 경우도 구체적인 섭취량을 제시하기에는 근거가 불충분하다고 했다. 재검사는 중요하다. 이상지질혈증의 치료 방침을 결정하기 위해서는 최소 2회 이상의 지질 검사가 필요하며, 두 검사 사이에 현저한 차이가 있는 경우 세 번째 검사를 시행해 치료 방침을 정해야 한다.

나쁜 콜레스테롤, 좋은 콜레스테롤

심혈관질환을 유발하는 가장 중요한 요인이 무엇인지 알아보기 위해 53개국에서 심혈관질환이 있는 15,000명과 정상인 15,000명의 자료를 분석했다. 이 연구에서 심혈관질환에 가장 큰 위험 요인은 고지혈증으로 나타났으며, 절반 가까이가 이상지질혈증에 의한 것이고, 이어서 흡연, 스트레스, 복부비만, 고혈압, 당뇨병 순으로 나타났다. 이상지질혈증이 혈압이나 당뇨병보다 심혈관질환에 미치는 영향이 훨씬 크게 나타났다.

이상지질혈증에서 심혈관질환의 발생, 사망률과 관련된 주요 요인은 LDL-콜레스테롤이다. 연구에 따르면 LDL-콜레스테롤이 39mg/dL 감소할 때마다 심혈관질환으로 인한 사망률은 20%, 심혈관 사건 발생은 23%, 뇌졸중은 17% 감소하는 것으로 나타났다. 앞서 말한 바와 같이 생활 습관으로 LDL-C를 개선할 방법은 없지만, 다행스럽게도 약물치료로 쉽게 조절할 수 있다. 특히 동양인의 경우 고지혈증 치료제인 스타틴에 의한 LDL-콜레스테롤 감소 효과가 크기 때문에 대부분은 약물치료를 통해 LDL-콜레스테롤 수치에 도달할 수 있으며, 이를 통해 심혈관질환의 발생 위험을 많이 감소시킬 수 있다.

HDL-콜레스테롤이 낮은 경우 심혈관질환의 발생 위험이 증가하는 것으로 알려져 있는데, 7.5mg/dL 감소할 때마다 관상동맥질환 위험이 40% 증가하는 것으로 알려져 있다. 한편, 음주가 HDL-콜레스테롤 수치를 높이는 것으로 알려져, 일부에서는 HDL-콜레스테롤 수치를 높이기 위해 술을 마시는 경우도 있지만, 음주는 중성지방을 증가시킬 뿐 아니라, 이미 중성지방이 높은 경우에는 췌장염 발생 위험을 증가시킬 수 있다. 또한, 이상지질혈증 외에 심혈관질환, 암 등을 포함한 대부분의 만성질환에 부정적인 영향을 미치므로 하루 1~2잔 이내로 제한하며 금주할 것을 권고한다.

하지만 최근 연구 결과들은 HDL-콜레스테롤과 심혈관질환 사이에 인과성이 없는 것으로 나타나기도 해서 추가적인 연구 결과를 기다려 봐야 할 것 같다. HDL-콜레스테롤이 심혈관 보호 효과가 없으며, 낮아도 문제지만 100 이상으로 너무 높으면 나쁜 콜레스테롤과 마찬가지로 심혈관질환 발생 위험을 높일 수 있어서 최근에는 HDL-콜레스테롤 수치에 큰 의미를 두지 않는 경향이 있다.

중성지방

LDL-콜레스테롤을 낮추면 전체 심혈관질환의 발생을 30% 정도 예방할 수 있는 것으로 알려져 있다. 나머지 70%는 대사증후군 및 이와 관련된 고중성지방혈증이 관련된 것으로 알려져 있다.

앞서 말한 대로 음식이나 운동의 영향을 받지 않는 콜레스테롤의 경우 비교적 일정한 수치를 유지하지만, 중성지방은 그렇지 않다. 여러 요인의 영향을 받아 동일인에게서도 변동이 크기 때문에 심혈관질환과의 연관성을 증명하는 것이 어렵다. 관상동맥질환이 있는 환자에서 고중성지방혈증의 빈도는 80~90%로 관상동맥질환이 없는 동년배의 40~50%에 비해 매우 높은 수치이며, 일부 연구에는 중성지방이 23mg/dL

증가할 때마다 관상동맥질환 발생 위험이 20% 증가하는 것으로 나타나기도 했다. 또한 관상동맥질환이 발생한 이후 재발을 막기 위해 LDL-콜레스테롤을 낮추는 치료제인 고강도 스타틴을 사용하는 경우에도 중성지방이 150mg/dL 미만일 경우 재발 위험이 낮은 것으로 나타났다. 따라서 LDL-콜레스테롤뿐 아니라 중성지방도 같이 관리하는 것이 중요하다.

여러 대규모 연구에서 고중성지방혈증은 특히 여성에서 심혈관 사건 및 사망과 관련이 있었는데, 중성지방이 높은 상위 25%는 하위 25% 군보다 심혈관 사망이 2.5배 높았으며, HDL-콜레스테롤까지 낮다면 위험도는 3.8배까지 높아졌다.

중성지방과 생활 습관 요법

중성지방이 높게 나타났다면 담당 의사와 상담해 중성지방을 높일 수 있는 요인들이 있는지 먼저 확인해보는 것이 좋다. 경구용 피임약을 사용하는 경우라면 중성지방이 20~30% 정도 상승할 수 있다. 갱년기 호르몬 보충을 위해 에스트로젠을 복용하는 경우도 중성지방이 증가한다. 다만 바르는 에스트로젠은 중성지방에 영향이 없었다. 임신 시에는 정상적으로 지방분해 활동이 증가하며, 임신 말기에는 중성지방 수치가 2배 이상 증가한다.

중성지방 수치는 과체중과 체지방, 특히 내장 지방에 크게 영향을 받기 때문에 체중 조절이 중요하다. 체중을 5~10% 감소하면 중성지방이 20% 정도 감소한다. 탄수화물 섭취를 줄이는 것도 중요하다. 탄수화물을 불포화지방산으로 바꾸는 것이 중성지방 수치를 낮추는 데 효과적이다. 또한, 다량의 알코올 섭취는 중성지방 수치를 증가시키므로 고중성지방혈증이 있다면 금주해야 한다.

유산소 운동은 중성지방을 감소시키는데, 운동 전 수치가 연관이 있다. 운동 전 수치가 150mg/dL 이상이라면 중성지방을 15~20% 감소시킨다. 다만 100mg/dL 미만인 경우에는 추가적인 효과는 없다.

최근에는 중성지방이 높은 경우 LDL-콜레스테롤의 입자가 더 작더라는 연구가 나오고 있다. 입자가 작아지면 혈관을 파고들기 쉬워져서 혈관 안에 콜레스테롤이 더 많이 쌓이게 되고, 그 결과 혈관이 좁아지거나 혈전이 잘 만들어질 수도 있다. 일부 연구에서는 LDL-콜레스테롤의 농도보다 입자의 크기가 더 중요하다는 연구도 있어서 중성지방의 중요성이 점점 더 주목받고 있다. 서양인보다 한국인은 고중성지방혈증이 더 많은 편이므로 중성지방에도 많은 관심을 갖고 주의를 기울여야겠다.

생활 습관 요법의 효과

생활 습관이 지질에 미치는 영향을 나누어 분석하면, 주요 치료 목표인 나쁜 콜레스테롤의 경우 체중 감량 및 콜레스테롤 섭취 제한의 효과는 5% 미만으로, 근거 수준도 낮은 편이다. 트랜스 지방 피하기, 포화지방 섭취 줄이기, 식이 섬유 많이 먹기, 식물성 스테롤이 많은 기능성 식품 사용하기, 홍국 섭취, 체중 줄이기의 효과는 5~10% 정도로 알려져 있다.

중성지방도 비슷하다. 음주량을 줄이는 경우에는 10% 이상의 중성지방 감소 효과를 기대할 수 있지만, 탄수화물 섭취 줄이기, 오메가-3 보충제, 단당류 및 이당류 줄이기 등은 5~10% 정도를 낮출 수 있고, 체중 감량 또는 포화지방산을 불포화지방산으로 대체하는 것의 효과는 5% 미만으로 나타났다.

HDL-콜레스테롤의 경우 운동과 같은 신체활동을 늘리는 것은 10% 정도의 HDL-콜레스테롤 증가 효과를 기대할 수 있지만, 금연 효과는 5% 미만으로 크지 않다. 체중 감량, 포화지방산 줄이기, 탄수화물 줄이고 불포화지방산으로 대체하기, 적정량의 음주 등은 5~10% 정도의 HDL-콜레스테롤 증가 효과를 보이는 것으로 나타났다.

다만 이런 효과는 개인차가 크기 때문에 어떤 경우에는 더 큰 효과가 나타나기도 하고, 어떤 경우에는 오히려 변화가 없거나 더 부정적인 결과를 보이기도 하므로, 약물치료의 대상이 된 경우에는 너무 생활 습관 요법에 기대하기보다는 생활 습관 요법과 약물 요법을 병행하는 것이 좋다.

홍국이요?

애초에 스타틴은 이상지질혈증 치료제로 개발된 것이 아니다. 스타틴은 곰팡이가 생성하는 물질로 균을 없애는 효과가 있어 항생제 후보 물질로 개발되었다. 콜레스테롤이 세포막에 필요하다는 것은 앞서 언급한 바 있다. 스타틴은 박테리아의 세포막에 필요한 스테롤의 합성을 억제하기 때문에 균의 증식을 억제할 것으로 생각하였다.

이미 1928년 영국의 생물학자 플레밍은 실험을 위해 포도상구균을 배양하고 휴가를 다녀왔는데, 뚜껑을 제대로 닫는 것을 잊어버렸다나…. 휴가를 마치고 돌아왔을 때 포도상구균을 배양한 샬레에 푸른곰팡이가 날아와 자리를 잡고 자라면서 주변에 있는 포도상구균이 모두 죽었다. 이렇게 우연히 날아든 그 곰팡이 덕분에 페니실린을 발견할 수 있었다. 사실 페니실린이라는 이름도 페니실륨이라는 곰팡이의 이름에서 따온 것이다.

1973년 일본 제약회사인 산쿄(Sankyo)의 연구책임자였던 아키라 엔도는 여러 후보 물질을 탐색하여 페니실륨 브레비콤팩툼(Penicillium brevicompactum)에서 분리한 메바스타틴이라는 최초의 스타틴을 개발하였다. 다만 동물실험에서 위에 장상피화생이라는 부작용을 유발해 퇴출당하였다. 아마도 스타틴에 대한 경험이 없다 보니 지금을 기준으로 하면 매우 높은 용량을 사용했기 때문으로 생각된다. 현재 스타틴은 밀리그램(mg) 단위로 복용하는데, 당시의 메바스타틴은 그램(g) 단위로 투여되었다.

산쿄와 미국의 MSD는 메바스타틴을 같이 연구하고 있었는데, MSD는 메바스타틴의 분자 구조에서 일부가 치환된 로바스타틴을 아스퍼질러스 테레우스라는 곰팡이에서 분리해냈다. 1987년 FDA는 이 약에 대해 인가를 내주어 이 스타틴이 세계 최초의 상용 스타틴이 되었다. 한편 산쿄 역시 메바스타틴을 변형하여 프라바스타틴을 개발하고 2년 뒤인 1989년 FDA의 허가를 받는다.

모나스쿠스도 곰팡이의 일종인데 모나스쿠스 퍼퍼레우

스라는 균을 찐 쌀에서 키우면 색소를 만들어서 쌀을 붉은색으로 만든다. 이것이 홍국 혹은 레드 이스트 라이스(red yeast rice)라고 불리는 것이다. 북경 오리 요리에서 겉에 붉은색을 내는 것도 바로 이 홍국이다. 모나스쿠스에서 만들어지는 모나콜린-K라는 물질은 화학적으로 로바스타틴과 동일한 물질이다. 같은 성분이지만 로바스타틴은 특허를 받고 처방 약물이 되었고, 홍국은 여러 나라에서 약이 아닌 보조식품 정도로 사용되고 있다.

문제는 안전성이다. 홍국에는 로바스타틴과 구조가 같은 모나콜린-K만 들어있는 것이 아니다. 제품마다 혹은 동일 제품이라 해도 모나콜린-K의 함량이 차이가 있어서, 어떤 제품에서는 거의 발견되지 않는 일례도 있다고 한다. 또한, 곰팡이로부터 만들어지다 보니 다른 곰팡이 독소에 의한 오염 가능성을 배제하기 어렵다. 그래서 홍국의 경우 안전성이 항상 문제가 되고 있다. 일부 홍국 제품에는 푸른곰팡이가 생산하는 황색 독소인 시트리닌이라는 진균독이 있으며, 또한 스타틴과 마찬가지로 근육 부작용도 보고되고 있다.

화학적 구조가 동일하기 때문에 스타틴의 부작용은 대부분 다 가지고 있으면서 유효 성분의 함량이 일정하기를 기대하기는 어렵다. 그 외에 다른 독소들의 오염 가능성을 배제하기도 어려워서 개인적으로 홍국은 별로 권장하고 싶지 않다. 고지혈증 치료가 필요한 경우라면 가능한 약물치료를 받기를 권장한다.

오메가-3 지방산

알파와 오메가. 그리스어 알파벳의 첫 글자가 알파, 그리고 마지막 글자가 오메가라고 한다. 그래서 알파와 오메가는 처음과 끝, 완전함 등을 의미한다.

오메가-3 지방산을 설명하려면 지방산의 이름을 붙이는 법을 알아야 한다. 지방산의 중심에는 탄소가 길게 연결되어 있다. 다 똑같이 생겼기 때문에 위치에 따라 번호를 붙여서 구분한다. 단순하게 세 번째 자리의 탄소라고 하면 보는 방향에 따라서 달라질 텐데, 다행히 지방산은 앞과 뒤가 다르게 생겼다. 쉽게 머리와 꼬리라고 생각하면, 머리부터 이름을 붙일 때는 알파, 베타, 감마… 이런 식으로 붙이고, 꼬리부터 이름을 붙일 때는 오메가-1, 오메가-2, 오메가-3… 이런 식으로 이름을 붙인다. 에너지를 만들 때는 앞에서부터 두 개씩 잘라서 쓴다. 베타 위치의 결합을 끊어내서 에너지로 사용하기 때문에 베타 산화라고 한다. 오메가 산화는 꼬리에서 탄소를 하나씩 잘라내는데, 에너지를 만들지는 못하고, 에너지 공장인 미토콘드리아에 쉽게 들어갈 수 있도록 길이를 줄이는 역할을 한다.

오메가-3는 뒤에서 세 번째 탄소에 이중 결합이 있는 지방산을 의미한다. 사람은 이런 모양의 지방산을 만들 수 없어서 외부로부터 섭취해야 하므로 필수 지방산이라고 부른다. 대표적인 오메가-3로는 식물 유래의 알파-리놀렌산과 생선에서 유래하는 EPA와 DHA가 있다. 식물 유래의 알파-리놀렌산도 체내 대사 과정을 거쳐 EPA와 DHA가 될 수 있지만, 비율이 매우 적어서 0.2~8% 정도에 불과하다. 따라서 식물성 오메가-3가 EPA와 DHA가 되는 것은 매우 어려워 생선을 통해 보충하는 것이 유리하다.

1980년대 초, 그린란드에 사는 사람들은 비만인데도 불구하고 심혈관질환이 적다는 보고가 나오면서 그 이유로 생선 기름이 지목되었다. 이후 여러 대규모 연구에서 생선 섭취가 심혈관질환의 예방에 도움이 되는 것으로 나타났고, 그 주요 성분이 오메가-3 지방산이었기 때문에 널리 이용되어 오고 있다.

오메가-3 지방산은 지방산 분해를 촉진하고, 중성지방 합성을 줄이고 장으로 분비를 촉진하여 혈중 중성지방을 감소시키는 것으로 알려져 있다. 다만 특정 유전형의 경우 오메가-3 보충이 중성지방을 감소시키지 못하기 때문에 일정 용량에서 중성지방 감소 효과가 보이지 않는다면 용량을 늘리기보다는 다른 치료 계획을 세워보는 것이 더 바람직하겠다.

흔히 사용되는 1g 캡슐당 EPA 47%, DHA 38%가 들어있는 제제는 혈중 중성지방이 500mg/dL 이상인 환자에서 4개월 투여할 경우 중성지방이 45% 감소하고, HDL-콜레스테롤이 13% 상승하는 효과를 보였다. 6주간 시행된 다른 연구에서는 중성지방이 39% 강하하고, HDL-콜레스테롤이 6% 정도 상승하는 것으로 나타났다. 다만 두 연구에서 LDL-콜레스테롤은 4주 뒤 17%, 4개월 뒤 31% 상승하였다. 따라서 무분별하게 오메가-3 지방산을 보충하는 경우 LDL-콜레스테롤 상승에 대해 주의 깊게 지켜보아야 한다.

EPA가 96% 이상인 제제를 사용한 다른 연구에서는 중성지방이 500mg/dL인 환자에서 2g 사용 시 20%, 4g 사용 시 33%의 중성지방 감소 효과를 보였으며 LDL-콜레스테롤은 증가하지 않았다.

국내의 지침에 따르면 고중성지방혈증이 있는 경우 오메가-3 지방산을 단독 투여하거나, 스타틴과 동시에 투여할 수 있다. 다만, 2023년 6개 학회가 공동으로 발표한 만성 관상동맥질환 환자 관리를 위한 임상 실무 지침 위원회 보고서에서는 보충제로 사용되는 오메가-3 지방산의 중단을 권고하고 있으므로, 의료 현장에서는 담당 주치의와 상의해 판단하는 것이 가장 바람직할 것으로 생각된다.

생선 기름과 크릴 오일?

최근에는 바다의 오염 등을 이유로 크릴 오일로 대신하는 경우도 많다. 보통 어유(fish-oil)라 불리는 오메가-3는 차가운 바다에 사는 정어리, 연어, 고등어, 청어, 멸치 등 지방이 많은 생선에서 추출한 것이고 크릴 오일은 플랑크톤을 먹고 자란 크릴 새우에서 추출한다.

크릴 오일의 경우 오메가-3 함량이 더 낮은데, 어유의 경우 30% 정도가 오메가-3인 반면, 크릴 오일의 경우에는 그 절반인 14% 정도가 오메가-3 지방산인 경우가 많다. 대신 흡수율은 크릴 오일이 더 높은 편이다.

또 다른 차이는 오염에 대한 것으로, 크릴은 플랑크톤을 먹고 자라고 수명이 길지 않아 오염에 노출이 적지만, 다른 생선들은 수명이 길고, 중금속이나 방사능에 노출될 가능성도 크릴에 비해 높다. 일부 오메가-3 지방산은 중금속이나 방사능에 대한 검사를 완료하여 이를 홍보에 사용하기도 한다.

크릴은 아스타잔틴이라는 항산화제 성분이 있지만, 뇌에서 중요한 역할을 하는 DHA는 생선 기름에 비해 적은 편이다. 또 알레르기 증상을 보이는 경우도 있어 주의가 필요하다. 크릴의 경우 화학 용매를 사용하지 않았다는 표시인 NCS(No Chemical Solvent) 마크를 확인하는 것이 좋다. 용매를 이용할 경우 헥산이나 에탄올 같은 용매가 잔류하는 일도 있을 수 있다.

오메가 vs 알티지(rTG) 오메가?

자연 상태의 생선 기름은 오메가-3의 비율이 30%에 불과하다. 보통 글리세롤 기둥에 지방산이 세 개 붙어 있는 트리글리세라이드 형태로 존재하는데, 보통 이 세 개의 지방산 중 한 개의 지방산만 오메가-3이다. 그래서 에탄올을 넣고 증류하거나 초임계 저온 추출을 해서 오메가-3만 추출하는데, 이를 에틸에스터 형태의 오메가-3라고 한다. 이런 과정을 통해 순도가 85% 이상으로 높아진다. 대표적인 것이 고중성지방혈증 치료에 사용되는 '오마코'와 같은 약물이다. 문제는 순도가 높아지지만, 흡수율이 낮아지는 것이다. 에틸에스터 형은 트리글리세라이드 형태에 비해 흡수율이 낮아진다. 그래서 이걸 다시 트리글리세라이드 형태로 만든 것이 알티지

(rTG) 오메가이다. 글리세롤 기둥에 붙어 있는 세 개의 지방산이 모두 오메가-3 지방산이 되므로 순도도 높고 흡수율도 높아진다.

그렇다면 무조건 알티지 오메가-3를 먹어야 할 것 같은데, 실제로는 그렇지도 않다. 단기간에는 차이를 보일 수 있지만, 6개월 후에는 거의 비슷한 수준이 되기 때문이다.

앞에도 말한 것처럼, 무조건 오메가-3를 먹는 것도 문제지만, 반대로 몇몇 연구 결과를 근거로 오메가-3를 피하는 것도 생각해 볼 필요가 있다. 만성 관상동맥질환에서 추가적인 이득이 없었다는 것은 관상동맥질환에 국한된 이야기이고, 오메가-3가 가지고 있는 다른 장점과 기능들이 있기 때문이다. 가능한 오메가-3 인덱스 같은 검사를 통해 개인의 수치를 확인하고, 목표를 정해서 필요한 만큼 보충하는 것이 가장 바람직하다.

고지혈증 치료제인 스타틴 먹으면 당뇨병이 더 잘 생긴다던데

고지혈증 치료제로 가장 많이 처방되고 있는 스타틴이 당뇨병을 유발하는지 알아보기 위해, 이 약을 이용했던 17건의 연구에 포함된 약 11만 명의 데이터를 분석한 연구에서 당뇨병 발생률을 따져보았다. 그 결과 스타틴을 복용한 그룹에서는 3.8%에서 당뇨병이 발생했고, 복용하지 않은 그룹에서는 3.5%에서 당뇨병이 발생하는 것으로 나타났다. 당뇨병 발생률이 복용하지 않는 경우에 비해 9% 정도 증가한 것이다. (3.5%와 3.8%를 비교하면 0.3% 차이지만, 이 0.3%는 3.5%를 기준으로 하면 3.5%의 9% 정도이므로 9% 정도 높아진다고 표현한다. 이렇게 보면 큰 차이 같지만, 실제 발생률 차이는 0.3% 정도에 불과하다)

이유는 명확하지 않지만, 스타틴이 근육에서 포도당을

세포 안으로 이동시키는 통로인 GLUT-4의 발현을 감소시켜 혈당이 떨어지지 않는 것과 간에서 포도당 합성을 증가시키는 것, 그리고 췌장에서 인슐린 분비를 감소시키는 것 등이 원인으로 생각되고 있다.

하지만 득과 실을 따져보면 분명한데, 255명의 환자가 4년 동안 스타틴을 복용하면 당뇨병은 1명 발생하지만 5.4건의 심혈관질환을 예방할 수 있다. 따라서 당뇨병이 두려워 스타틴의 시작을 미루기보다 본인에게 맞는 강도의 스타틴을 복용하면서 당뇨병을 예방하기 위해 식습관 개선이나 운동 등의 노력을 병행하는 것이 훨씬 더 중요하다.

코엔자임Q10

코엔자임Q10은 에너지를 만드는 과정에 꼭 필요한 물질이다. 우리 몸에서 코엔자임Q10의 농도가 가장 높은 곳은 심장으로, 몸에서 에너지가 가장 많이 필요한 곳이기 때문이다. 즉, 종일 뛰어야 하니까…. 실제로 근육보다 코엔자임Q10의 농도가 3배 정도 높고 뇌보다는 거의 10배 가까이 높다. 나이가 들면서 코엔자임Q10도 점점 감소하는데 가장 빨리 감소하는 곳은 심장으로, 40대가 되면 20대의 절반 정도로 감소하고, 80세가 되면 40%까지 감소한다.

코엔자임Q10의 화학적 구조를 최초로 밝혀낸 사람은 칼 포커(Karl Folker) 박사였다. 고리 모양으로 생긴 퀴논 링에 아이소프렌이라고 하는 꼬리 모양 사슬이 10번 반복된다. 코엔자임Q10의 Q는 이 퀴논 링을 가리키며, 10은 아이소프렌이 10번 반복되는 것을 가리킨다.

스타틴이 콜레스테롤 합성을 차단하는 과정에서 코엔자임Q10 합성에 필요한 꼬리 모양 사슬의 재료가 만들어지지 않게 된다. 결국, 코엔자임Q10이 감소하는데 일부 연구에서는 1개월 정도만 복용해도 합성이 절반 가까이 감소하는 것으로 나타났으며, 용량에 비례해 코엔자임Q10이 더 많이 감소하는 것으로 나타났다.

몸에서는 코엔자임Q10을 계속해서 만들어낼 수 있기 때문에 부족한 경우가 아니면 보충할 필요가 없다. 다만 스타틴 사용 등으로 인해 합성이 감소하는 경우에는 보충하는 것도 도움이 될 수 있다.

스타틴에 의한 근육 부작용이 코엔자임Q10 합성 부족 때문이라고 생각하는 경우도 있지만, 이는 사실과 다르다. 스타틴에 의한 근육 병증은 검사상 근육 효소의 상승으로 나타나며 정상 수치의 2~3배 이상 상승하는 것을 기준으로 하고 있다. 대개 1~12개월 사용 후 발생한다고 보고되고 있으며, 약물을 중단하면 2개월 이내에 사라지는 것으로 알려져 있다. 보다 극단적인 형태의 치명적인 근육 병증으로 근육 섬유가 파괴되는 횡문근융해증의 발생률은 1년에 0.01% 정도로 알려져 있다. 1년간 만 명 중 1명 정도. 근육의 코엔자임Q10 감소가 근육 병증을 일으키는 것으로 생각해 이와 관련된 많은 연구가 진행되었으나 대부분의 연구에서 연관성이 없는 것으로 나타났다. 근육 병증이 나타난다면 담당의와 상의해 다른 스타틴으로 교체하거나 잠시 중단했다가 다시 시작하는 방법 등을 권장한다.

개별화된 치료 목표

고혈압과 마찬가지로 고지혈증의 경우에도 개별화된 치료 목표를 가지고 있다. 우선 고혈압의 경우와 마찬가지로 주요 심혈관계 위험인자를 따진다. LDL-콜레스테롤을 제외한 주요 심혈관계 위험인자는 다음과 같다.

- 나이 (남성은 45세 이상, 여성은 55세 이상)
- 조기 심뇌혈관질환의 가족력(부모 · 형제자매 중 55세 미만 남성, 65세 미만 여성에서 발병한 경우)
- 고혈압
- 흡연
- HDL-콜레스테롤 40mg/dL

이들 중 몇 가지가 해당되는지 확인하고, HDL-콜레스테롤이 60mg/dL인 경우에는 위험인자 수에서 하나를 뺀다.

몇 개인지 확인했다면 다음 표를 참고한다. 다음은 위험요인 및 동반 질환에 따른 LDL-콜레스테롤과 Non-HDL-콜레스테롤의 조절 목표치이다. Non-HDL-콜레스테롤은 말 그대로 총콜레스테롤에서 HDL-콜레스테롤 수치를 뺀 값이다.

위험도	LDL-콜레스테롤(mg/dL)	Non-HDL-콜레스테롤(mg/dL)
관상동맥질환	55 미만이면서 처음 검사 결과 대비 50% 미만 (두 가지 조건을 모두 충족해야 한다)	85 미만
허혈성 뇌졸중 뇌허혈발작 경동맥질환 말초동맥질환 복부대동맥류 당뇨병(10년 이상 되었거나 주요 심혈관 위험인자나 표적 장기 손상을 동반한 경우)	70 미만	100 미만
당뇨병(10년 미만이면서 주요 심혈관 위험인자가 없는 경우)	100 미만	130 미만
위험인자 2개 (중등도 위험군)	130 미만	160 미만
위험인자 1개 (저위험군)	160 미만	190 미만

다만 이것은 일반적인 지침으로, 추가적인 위험 요인들이 동반되는 경우에는 목표 수치를 더 낮게 조절할 수도 있다.

이안 선배님. 아까 그 환자분이요. 307호 듀이 씨. 소화가 잘 안 된다고 하는데, 김 박사님이 계속 쌀밥을 권하시는 이유가 궁금해요. 섬유질이 많은 현미밥이 변비에도 더 좋지 않나요?

루시 염소똥 본 적 있니? 염소는 왜 풀만 먹는데, 변비 환자처럼 동글동글하고 딱딱한 변을 볼까?

이안 글쎄요. 이상하긴 하네요.

루시 섬유질은 물에 녹는 것과 녹지 않는 것이 있는데, 두 가지가 성질이 조금 달라. 물에 녹지 않는 섬유질은 수분을 흡수해서 대변을 크게 만드는데, 문제는 수분이 없을 때야. 수분이 없으면 물에 녹지 않는 섬유질은 돌처럼 딱딱하게 굳어버려. 보통 그렇게 되면 변비가 심해지니까 섬유질을 더 많이 먹는데 증상은 더 나빠지게 되지.

이안 변비는 그렇다고 해도. 영양소는 더 많지 않을까요?

루시 현미에는 피트산이라는 물질이 있는데, 미네랄 흡수를 방해해. 피트산은 철분의 흡수도 방해하기 때문에 철분이 많은 음식을 먹는 경우에도 피트산이 있으면, 철분도 흡수가 잘되지 않지. 철분뿐 아니라 칼슘의 흡수도 방해해. 이런 것들을 영양소의 흡수를 방해하는 '안티 영양소'라고 하지. 렉틴도 대표적인 안티 영양소로 현미에 더 많아. 렉틴과 피트산은 현미의 껍질 부분에 있어서 도정하면 대부분 사라져. 사실 그보다 더 문제는 비소와 같은 중금속이야.

이안 비소는 1급 발암물질 아닙니까?

루시 맞아. 흰 쌀에 비해서 비소가 80% 더 많아. 듀이 씨 모발 미네랄 검사 결과를 리뷰해 봐. 비소 수치가 높게 나왔더라고. 비소 또한 겉 부분에 있어서 도정하면 대부분 사라져. 그래도 현미밥이 좋다면 파보일링 방법이라는 걸 이용할 수 있어.

이안 그게 뭔데요?

루시 파보일링은 원래 물에 끓여서 부분적으로 조리하고, 그다음 다른 방법으로 완전히 조리하는 방식이야. 데치는 것과 비슷해. 영국 셰필드대학 연구팀은 파보일링을 이용해서 비소를 줄이는 방법을 개발해냈는데, 생각보다 간단해.

현미 1컵을 기준으로 물 4컵을 끓여. 물이 끓으면 쌀을 넣고 5분간 대기한 다음. 5분 뒤에 물을 버리는 거야. 그리고 다시 새로운 물을 넣고 조리하는 거지. 이런 방식으로 현미에 들어있는 비소를 54% 정도 줄일 수 있다고 해. 쌀

밥을 먹으면 좋겠지만, 굳이 현미를 원한다면 이렇게 먹는 게 좋으니까, 간단하게 정리해서 듀이 씨에게 드리고 설명해드려.

이안 네. 간단하긴 한데. 저는 그냥 쌀밥을 먹는 게 낫겠습니다. 어머니가 안 해주실 거 같네요.

슬기로운

환자생활

CHAPTER

3

당뇨병

설탕 좀 줄여요, 당신은 이미 너무 달콤하니까

– 인터넷 –

당뇨병은 현대인의 병?

고대 이집트 제국의 수도였던 이집트 테베의 고대 무덤에서 발견된 '에베르스 파피루스'는 기원전 1500년경 만들어진 것으로 알려져 있으며, 여러 가지 질병의 증상과 치료 방법을 소개하고 있다. 의학의 아버지를 그리스의 히포크라테스라고 하지만 당시에는 이집트가 더 선진국이었다. 이 파피루스에는 사람들이 소변을 많이 보는 증상에 대한 언급이 있는데, 이것을 당뇨병에 대한 최초의 언급으로 보고 있다. 당뇨병의 3가지 증상은, 소변을 많이 보고, 물을 많이 마시고, 많이 먹는 것이다. 다만 이를 치료하기 위해 권장한 방법은 지금과 반대였다. 밀, 과일, 맥주를 먹으면 좋아진다고 했다는데, 이것들은 오늘날의 시각으로 볼 때 당뇨병에 모두 나쁜 방법들이다.

비슷한 시기에 인도에서는 당뇨병에 대한 최초의 검사법을 개발했다. 당뇨병 의심 환자의 소변 주위로 개미나 파리가 모여드는지 보는 것인데, 당뇨병 환자의 소변에는 당분이 많다 보니 개미가 많이 모여들었다고 한다. 더불어 여기에 대해 '꿀 소변'이라는 의미의 이름을 붙였다. 이런 '꿀 소변'을 가진 사람들은 갈증이 심하고 숨을 쉴 때 나쁜 냄새가 난다고 기록했는데, 이 나쁜 냄새는 당뇨병으로 인한 케토시스에 의한 것으로 볼 수 있다. 케토시스는 지방이 분해되는 과정에서 만들어지는 케톤체가 증가하는 것으로 당뇨병 환자에서 동반될 수 있으며, 아세톤 냄새나 달콤하거나 시큼한 과일 냄새 같은 것이 날 수 있다.

오늘날 당뇨병이 급증하다 보니 현대인의 병으로 알려졌지만, 기록상으로는 가장 오래된 질병 중 하나였다. 달라진 것이라면 당뇨병에 대해 아는 것이 전혀 없던 시절에 비해 지금은 많은 부분이 밝혀졌다는 것이다. 더불어 당뇨병을 치료하는 약들도 발전을 거듭했다.

지피지기 백전불태(知彼知己 百戰不殆)

부지피이지기 일승일부(不知彼而知己 一勝一負)

부지피부지기 매전필태(不知彼不知己 每戰必殆)

적을 알고 나를 알면 백번 싸워도 위태롭지 않고, 적을 모르고 나만 알면 반은 이기고 반은 지지만, 적도 모르고 나 자신도 모르면 싸울 때마다 위태롭다는 의미다. 자기 자신과 당뇨병에 대해 잘 알고 대비하면 큰 문제가 없지만, 잘못된 지식에 빠져 치료 시기를 놓치면 폭탄을 안고 살아야 할 수도 있다.

당뇨병이란?

우리나라의 질병관리본부 격인 미국의 질병통제예방센터에서는 당뇨병에 대해 다음과 같이 설명하고 있다.

'당뇨병은 우리의 몸이 음식을 에너지로 바꾸는 과정에 영향을 미치는 만성적인 질병이다. 우리 몸은 음식을 포도당으로 분해해서 혈액으로 내보내는데, 혈액에 포도당이 많아지면 췌장에서 인슐린을 내보내라는 신호를 보낸다. 인슐린은 혈액에 있는 포도당을 세포 안으로 보내 에너지로 사용하는데, 당뇨병이 있으면 몸은 충분한 인슐린을 만들어내지 못하거나 인슐린을 잘 사용하지 못하게 된다. 인슐린이 부족하거나 세포가 인슐린에 반응하지 않게 되면 많은 포도당이 혈액에 그대로 남는다. 시간이 지나

면 이것들은 심장질환이나 실명, 그리고 콩팥병과 같은 심각한 합병증을 유발할 수 있다.'

그런데 항상 어려운 것은 기준을 정하는 것이다. 당뇨병이 생기면 포도당이 혈액에 많이 남아있게 되므로, 이 수치를 이용하면 당뇨병 측정이 가능하여 소변과 개미는 이제 필요없다. 사실 소변에 있는 당분과 혈액에 있는 포도당은 일관된 연관성을 보이는 것도 아니다. 문제는 정상과 당뇨병을 어떻게 나누느냐는 것이다.

가장 먼저 기준을 제시한 곳은 세계보건기구(WHO)였다. 50g 또는 100g의 포도당을 먹고 2시간 후 혈당이 130mg/dL 이상이면 당뇨병으로 판단했다. 이후 1979년에 미국 당뇨병 데이터 그룹(NDDG)에서 50g도 100g도 아닌 75g의 포도당을 이용할 것을 권고했다. 50g은 내당능장애 진단에 충분하지 않았고, 100g은 구역질이 심했기 때문이다. 이 검사에서는 공복혈당 140mg/dL, 2시간 후 혈당 200mg/dL을 당뇨병의 기준으로 정했다. 그 근거는 이 수치를 넘어서면서부터 실명을 초래하는 합병증인 당뇨병성 망막병증과 같은 합병증이 급격히 증가했기 때문이었다.

1997년 미국 당뇨병 학회는 이 기준을 더 엄격하게 바꾸는데, 공복 혈당 기준을 140mg/dL에서 126mg/dL로 바꿨다. 그 이유는 여러 연구에서 당부하 2시간 후 혈당의 기준인 200mg/dL과 동등한 공복 혈당이 120~126mg/dL로 나타났고, 당뇨병성 망막병증과 같은 미세혈관 합병증을 초래하는 공복 혈당 수치가 대략 120~130mg/dL로 나타났기 때문이다.

이후 계속되는 연구들과 그 결과들을 근거로 세계보건기구와 미국 당뇨병 학회 등이 계속 새로운 진단 기준을 제시했으며, 비교적 최근에 이르러서는 약 3개월 동안의 평균 혈당을 반영하는 수치인 당화혈색소의 유효성이 입증되어 새로운 진단 기준에 포함되었다.

내가 당뇨병?

우선 어려서부터 당뇨병 진단을 받고 인슐린 치료를 받는 1형 당뇨병은 드물기도 하고, 이미 1형 당뇨병은 치료 경험이 많은 선생님들로부터 매우 전문적인 치료와 관리를 받으므로 여기서는 논하지 않기로 한다. 여기서 이야기하는 당뇨병은 잘못된 생활 습관으로 인해 주로 발생하는 2형 당뇨병이라는 점을 미리 밝혀둔다.

우선 정상 혈당의 기준은 8시간 금식하고 측정한 혈장 포도당이 100mg/dL 미만이다. 또 75g의 포도당을 먹은 후 2시간 혈당을 측정해서 보는 75g 경구 포도당 부하, 2시간 후 혈장 포도당이 140mg/dL 미만이면 정상으로 본다. 이 수치는 손가락 끝을 찔러서 측정하는 간이 측정 수치와는 차이가 있다. 일반적으로 공복 혈당의 경우 간이 측정 수치는 혈장 포도당 수치에 비해 5~15% 정도 낮게 나오므로, 간이 측정 수치가 정상이라고 해서 안심하면 안 되고 혈장 포도당 검사로 확인하는 것이 좋다. 식후 혈당의 경우는 반대인데, 식후 혈당은 간이 측정에서 5~15% 정도 높게 나온다. 이런 이유로 진단을 위해서는 간이 측정계를 이용하지 않고 혈장 포도당 검사를 이용한다.

앞서 말한 바와 같이 1965년 세계보건기구가 진단 기준을 제시한 이래 몇 차례 개정되었지만, 최근에는 여러 학회에서 비슷한 진단 지침을 제시하고 있으며, 우리나라의 당뇨병 진단 기준 또한 미국 당뇨병 학회 진단 기준과 동일하다.

당뇨병의 진단 기준은 다음과 같으며, 한 가지라도 부합하면 당뇨병으로 간주한다.

1) 당화혈색소 6.5% 이상
2) 8시간 이상 금식 후 혈장 포도당 126mg/dL 이상
3) 75g 경구 포도당 부하 2시간 후 혈장 포도당 200mg/dL 이상
4) 당뇨병의 전형적인 증상(소변을 많이 보는 것, 물을 많이 마시는 것, 설명되지 않는 체중감소)이 있으면서 무작위 혈장 포도당 200mg/dL 이상

1)~3)에 해당할 경우 다른 날 검사를 한 번 더 반복해서 확인하지만, 동시에 시행한 검사들에서 두 가지 이상을 만족하면 당뇨병으로 진단할 수 있다. 가령, 같은 날 측정한 공복혈당과 당화혈색소가 모두 당뇨병 진단 기준에 부합하면 다른 날 한 번 더 확인하지 않아도 당뇨병으로 진단할 수 있다. 국내 데이터에서는 공복 혈당만을 이용하는 경우 전체 당뇨병 환자의 56%만을 진단할 수 있어 당화혈색소를 같이 측정할 것을 권고하고 있다. 그리고, 정상과 당뇨병 어디에도 해당하지 않는 다음과 같은 경우는 당뇨병 전 단계로 분류한다.

1) 공복 혈장 포도당이 100~125mg/dL이면 공복에 혈당이 높아 공복혈당장애라고 한다.
2) 75g 경구 포도당 부하 2시간 후 혈장 포도당이 140~199mg/dL인 경우에는 식후 상승한 혈당을 잘 처리하지 못한다는 의미로 내당능장애라고 한다.
3) 당화혈색소가 5.7~6.4%인 경우에도 당뇨병 전 단계로 간주한다.

당뇨병 검사가 필요한 사람은?

제2형 당뇨병의 위험 인자는 다음과 같다.

- 과체중 또는 비만(체질량지수 23kg/m^2 이상)
- 복부비만(허리둘레가 남성 90cm, 여성 85cm 이상)
- 부모나 형제자매 중 당뇨병이 있는 경우
- 과거에 공복혈당장애나 내당능장애가 있었던 경우
- 임신 당뇨병이나 4kg 이상의 거대아를 출산한 경우
- 고혈압(140/90mmHg 이상 또는 고혈압 치료 중인 경우)
- HDL-콜레스테롤이 35mg/dL 미만이거나 중성지방이 250mg/dL 이상인 경우
- 인슐린 저항성이 의심되는 경우(다낭 난소 증후군 또는 주로 목이나 겨드랑이, 사타구니와 같이 접히는 부위에 회색 혹은

갈색의 색소 침착이 생기는 흑색가시세포증 등)

- 심혈관질환(뇌졸중, 관상동맥질환)이 있는 경우
- 당뇨병 발생 위험을 높일 수 있는 약물을 복용하는 경우

제2형 당뇨병의 경우 별다른 증상이 없어 합병증이 나타날 때까지 진단되지 않는 경우가 흔하며, 1/3의 환자들은 본인이 당뇨병인지 모르고 있는 것으로 추정된다. 따라서 위에 열거한 위험 요인을 가지고 있는 경우라면 당뇨병 선별검사를 받아보는 것이 중요하다.

이전에는 40세 이상 성인 및 위험인자가 있는 30세 이상에서 당뇨병 선별검사를 권유했으나, 최근 40세 이상 젊은 성인에서 당뇨병, 당뇨병 전 단계, 비만, 복부비만 등이 증가함에 따라 35세 이상 성인과 위험인자가 있는 19세 이상 모든 성인에서 당뇨병 선별검사를 권고하며, 검사를 시작하는 나이가 더 빨라졌다.

선별검사는 일반적으로 공복 혈장 포도당과 당화혈색소를 이용한다.

1) 공복 혈장 포도당이 100~109mg/dL 또는 당화혈색소가 5.7~6.0%인 경우에는 매년 공복 혈장 포도당 또는 당화혈색소를 측정하며, 체질량지수가 23kg/m^2 이상

이라면 경구 포도당 검사를 고려할 수 있다.

2) 공복 혈장 포도당 110~125mg/dL 또는 당화혈색소 6.1~6.4%인 경우에는 경구 포도당 내성 검사를 시행한다.

당뇨병 전 단계를 두 그룹으로 나눠 공복 혈장 혈당이 110mg/dL 이상 또는 당화혈색소가 6.1% 이상인 그룹에서 추가로 경구 포도당 내성 검사를 하는 이유는 다음과 같다. 최근 발표된 '한국 당뇨병 예방연구(Korean Diabetes Prevention Study)'에서는, 처음 당뇨병을 진단받고 체질량지수가 23kg/m^2 이상인 대상자 중 76%는 공복 혈장 혈당이 당뇨병 진단 기준 미만이었으며, 60%는 공복 혈당과 당화혈색소 모두 당뇨병 기준 미만이면서 경구 포도당 내성 검사만 진단 기준에 부합했다. 공복 혈장 포도당이 100mg/dL 미만으로 정상인 경우에도 경구 포도당 내성 검사를 한 경우 9.5%는 당뇨병으로 진단되었다. 100~109mg/dL인 경우에는 19%가, 110~125mg/dL인 경우에는 44%에서 당뇨병으로 진단되었기 때문에 전 단계라고 하더라도 공복 혈당 110mg/dL, 당화혈색소 6.1% 이상인 경우에는 실제로 당뇨병이 있을 가능성이 높다고 할 수 있다. 따라서 정확한 확인을 위해서는 경구 포도당 내성 검사가 필요하다.

2020년 자료를 기준으로 하면 30세 이상 성인 중 16.7%가 당뇨병을 갖고 있다. 6명 중 1명꼴이다. 1970년대에는 1% 정도였던 당뇨병이 1980년대에는 3%까지 높아졌으며, 2001년에는 7.6% 정도였으나 최근 빠르게 상승해 17%에 이르고 있다. 30세 이상 한국 남성의 20%는 당뇨병을 갖고 있으며, 65세 이상 노인의 경우 30%가 당뇨병을 갖고 있다.

다행히 아직 당뇨병 전 단계라면?

다행히 아직 당뇨병 전 단계라면 당뇨병이 발생하지 않게 예방할 수 있는 시간이 조금 남아있는 셈이다. 이 시간을 어떻게 보내는지에 따라 남은 인생에서 당뇨병 치료제를 먹을지 말지 결정된다. 따라서 아직 당뇨병이 아니라고 방심해선 절대 안 된다. 정상이면 정상이고, 당뇨병이면 당뇨병이지 애매하게 당뇨병 전 단계라니…. 굳이 이런 중간 단계를 두는 이유는, 정상에 비해 당뇨병 전 단계에서는 당뇨병으로의 진행이 쉽기 때문이다. 사실상 생활 습관에 큰 변화가 없다면 대부분은 당뇨병으로 진행될 수 있다.

당뇨병 전 단계에서는 당뇨병이 발생할 위험이 10배 정도 높아지는 것으로 알려져 있다. 대개 3~5년 사이에 당뇨병 전 단계인 사람의 4명 중 1명(25%)이 당뇨병으로 진행되며, 10년이 지나면 대략 2명 중 1명(50%)이 당뇨병 진단을 받는다.

우리 몸에서 혈당을 낮추는 호르몬은 인슐린으로, 노화에 따라 인슐린 분비 능력이 서서히 감소하는데, 공복혈당장애 진단 기준인 공복 혈장 포도당 100mg/dL인 경우, 췌장에서 인슐린을 분비할 수 있는 능력이 50% 정도 감소한 상태로 알려져 있다. 인슐린을 분비하는 능력이 점점 감소하면 혈당을 낮추지 못해 공복 혈장 혈당이 서서히 증가해 당뇨병 기준인 126mg/dL에 도달하게 된다. 통상 100mg/dL에서 126mg/dL이 되기까지 대략 10년 정도 걸리는 것으로 알려져 있다.

2019~2020년 자료를 기준으로 하면 30세 이상 한국 성인 10명 중 4명(44.3%)이 당뇨병 전 단계에 해당하며, 65세 이상에서는 2명 중 1명(50.4%)이 당뇨병 전 단계에 해당하는 것으로 나타났다. 결국, 이 책을 보고 있을 두 명 혹은 세 명 중 한 명은 당뇨병 전 단계에 해당한다는 의미이다. 비슷한 처지의 친구들이 많다고 안심해선 안 된다. 경각심을 갖고 노력하면 적어도 당뇨병의 진행을 늦추거나 조금 더 노력하면 정상으로 되돌아갈 수도 있다. 반이 채워진 잔을 바라보는 두 가지 관점처럼.

10년 안에 50%나 당뇨병으로 진행하지만, 50%는 아직 당뇨병 전 단계를 유지하거나 일부는 정상으로 돌아가기 때문이다. 어느 팀으로 갈지는 본인이 정할 수 있다. 물론 노력이 필요하다.

당뇨병과 인슐린 저항성

당뇨병에 대한 미국 질병통제예방센터의 설명을 다시 떠올려보자. 음식을 에너지로 사용하는 과정에 문제가 있는 상태라고 설명하고 있다. 즉, 포도당은 세포 안으로 들어와서 에너지로 사용해 없어져야 하는데, 이 과정에 문제가 생겨 포도당이 혈액에 오래 머무르게 되는 상황이다. 포도당을 세포 안으로 이동시키는 것은 췌장에서 분비하는 인슐린이라는 호르몬으로, 이와 관련해 두 가지 문제가 있을 수 있다.

1) 췌장에서 인슐린을 잘 못 만드는 경우

2) 신체가 인슐린에 잘 반응하지 않는 경우

1)번의 경우에는 제1형 당뇨병이라고 한다. 인슐린을 만드는 곳은 췌장으로 길이는 약 15cm 정도이고 무게는 100g 정도 된다. 그중 혈당 조절과 관련된 호르몬을 분비하는 세포들의 무리를 랑게르한스섬이라고 하는데, 약 1,000여 개의 세포가 모여 섬 모양의 조직을 이루며, 췌장에는 이런 섬이 100만 개 정도 있다. 100만 개라고 하니까 많아 보이지만, 전체 췌장 무게의 1~2%에 해당하는 작은 양이다. 랑게르한스섬은 5가지의 서로 다른 세포로 구성되며, 그중 인슐린을 만들고 분비하는 것은 베타세포이다. 그러니까 1g도 되지 않는 췌장의 베타세포들이 혈당을 낮추는 역할을 하는 셈이다.

자가면역질환 등으로 베타세포가 파괴되면 췌장에서 인슐린을 잘 만들지 못하게 되어 혈액의 포도당을 세포 안으로 이동시키지 못해 포도당을 잘 사용하지 못하게 된다. 대부분 어린 나이에 발생하기 때문에 흔히 소아 당뇨병이라고 하기도 하지만 제1형 당뇨병은 전 연령에서 발생할 수 있다. 앞서 언급한 바와 같이 매우 전문적인 치료가 필요하며, 전체 당뇨병에서 차지하는 비중이 적어 이 책에서는 주로 2)번의 경우를 설명하려고 한다.

2)번은 몸이 인슐린에 잘 반응하지 않는 경우로, 일반적으로 인슐린 저항성이라고 말한다. 시끄러운 곳에 오래 있으

면 소음에 무뎌지고, 냄새가 지독한 곳에 오래 있게 되면 냄새에 무뎌지는 것과 비슷하다. 단 음식을 자주 먹게 되고, 많이 먹게 되면 시도 때도 없이 인슐린이 분비되는데, 이런 상태가 지속 되면 우리 몸의 세포들은 인슐린에 잘 반응하지 않게 된다. 즉, 인슐린이 많이 나와도 혈액의 포도당을 세포 안쪽으로 이동시키지 않는 것이다. 거짓말쟁이 양치기 소년의 거짓말에 속지 않는 마을 사람들처럼, 도와주러 오는 사람이 없으면 더 크고 간절하게 소리쳐야 하듯이, 세포가 인슐린에 반응하지 않으면 췌장은 더 많은 인슐린을 만들어내야 한다. 그래서 인슐린 저항성이 있는 경우에는 공복 인슐린 수치가 높게 나타난다. 혈당이 비슷하다고 해도 공복 상태의 혈액 인슐린 수치에 따라서 의미는 전혀 달라진다. 그리고 이런 인슐린 저항성은 점점 진행하는 양상을 보인다. 즉, 세포가 인슐린에 반응하지 않을수록 더 많은 인슐린이 필요해진다.

안타까운 점은, 인슐린은 끝없이 만들어지는 것은 아니다. 인슐린 저항성 초기에는 평소 몇 배의 인슐린을 만들어서 분비하지만, 시간이 지나면서 인슐린 분비량이 감소하기 시작한다. 인슐린을 만드는 베타세포는 더 빨리 감소하게 되며, 공복혈당장애에 이르게 되면 인슐린은 여전히 높지만, 베타세포의 양은 절반으로 감소해, 기능도 정상에 비교하면 감소한다. 당뇨병으로 진행되면 베타세포의 양과 기능은 더 많이 감소하고 인슐린 분비량도 감소되어 혈당은 더욱더 상승하게 된다. 인슐린에 잘 반응도 안 하는데, 인슐린 양까지 줄었으니….

시끄러운 도시의 소음 속에 있다가 조용한 호수에 가면 오히려 더 귀가 밝아지는 느낌이다. 바람이 불면 나뭇잎이 바스락거리는 소리까지 들린다. 주변 소음이 줄어드니 오히려 작은 소리에도 민감해진다. 인슐린 저항성을 되돌리는 방법은 인슐린 저항성이 만들어지는 과정을 정확하게 반대로 거슬러 가면 된다. 인슐린에 둔감해진 세포들이 다시 잘 반응하게 하려면 인슐린을 줄이면 된다. 인슐린은 탄수화물에 의해 혈당이 상승하면 분비되므로, 인슐린을 줄이기 위해서는 탄수화물 섭취를 줄이고 혈당이 오르지 않게 하면 된다. 글로 길게 쓰니 어려워 보이지만 별거 아니다. 당분 섭취를 줄이고, 조금 더 적극적으로 인슐린 저항성을 개선하려면 간헐적 단식 등을 하면 된다.

당뇨병약은 부작용이 심해서 더 버텨 볼래요

당뇨병은 대부분 아무 증상이 없다. 사실 건강 검진을 통해 당뇨병 혹은 당뇨병 전 단계를 처음 진단받으면 대수롭지 않게 생각하는 경우도 많다. 따라서 약물치료가 필요하다고 말하면 과잉진료로 보는 경우도 많다. 가장 많이 듣는 말은, “당뇨병약을 꼭 먹어야 하나요?”이다. 만약 약물치료 대신 생활 습관 요법을 더 적극적으로 해보겠다는 의미라면 좀 늦은 감이 있다. 공복 혈당이 당뇨병 진단 기준에 해당할 정도로 높다면 이미 췌장의 베타세포 양과 기능이 매우 많이 감소한 상태이기 때문이다. 생활 습관 요법은 약물치료와 상관없이 중요하기 때문에 되도록 약물치료와 생활 습관 요법을 병행하는 것이 가장 바람직하다.

이와 관련해서, 2005년에 당뇨병 초기에 적극적으로 혈당 조절을 하게 되면 약물치료를 중단해도 합병증 발생이 적다는 연구 결과가 발표되면서 이를 당뇨병 치료의 '유산 효과(legacy effect)'라고 불렀다. 부모가 열심히 살아서 재산을 많이 모으면 자식들이 그 유산으로 덕을 보듯이, 당뇨병 초기 치료를 적극적으로 잘하면 20~30년 뒤에 합병증이 덜 생기는 혜택을 볼 수 있기 때문에 유산이라는 이름을 붙였나 보다.

이 연구에서는 적극적으로 혈당 조절을 한 그룹에서 심혈관질환 사건이 40% 정도 감소했다. 제1형 당뇨병 환자들을 대상으로 했던 이 연구에 이어 제2형 당뇨병 환자를 대상으로 한 연구에서도 초기에 혈당을 보다 엄격하게 관리한 그룹에서 심혈관질환 발생 위험이 감소하는 것으로 나타났다. 즉, 이런 엄격한 관리를 중단하고 느슨하게 관리하더라도 초기에 잘 관리한 그룹에서는 이런 효과가 10년 후까지 유지되는 것으로 나타났다.

이 유산 효과가 실재하는지에 대해서는 논란이 많다. 2000년대 초반에는 여러 연구에서 유산 효과가 관찰되었지만, 2000년대 후반의 연구에서는 뚜렷한 유산 효과가 보이지 않았기 때문이다. 그런데도 미루지 않고 초기부터 적극적인 약물치료를 하는 것이 좋다는 점에는 변함이 없다.

2021년 영국의 당뇨병 환자들을 지속적으로 추적하여 분석한 한 연구에서는 당뇨병 환자의 초기 혈당 조절이 사망률 및 심근경색 발생에 미치는 영향에 대해 발표했다. 예상대로 당화혈색소 수치가 높을수록 사망률과 심근경색 발생률이 높았으며, 시간이 지날수록 사망률과 심근경색 발생률이 더 높아졌다. 즉 당화혈색소가 1% 높은 경우 5년 뒤 사망률은 8%, 심근경색은 13%가 증가하지만 20년 뒤에는 각각 36%와 31%로 증가하는 것으로 나타났다. 또한 당화혈색소가 2% 높은 경우에는 5년 뒤 사망률이 16%, 심근경색은 28%나 증가했으며, 20년 뒤에는 각각 86%와 71%로 많이 증가했다.

반면 초기에 치료를 잘한 환자들은 20년 뒤 합병증이 크게 감소하는 것으로 나타났다. 진단 즉시 당화혈색소를 1% 낮추면 20년 후 사망률이 21% 감소했고, 10년 뒤에 1%를 낮추면 20년 후 사망률은 8%만 감소했다. 심근경색도 마찬가지로 당화혈색소를 바로 1% 낮추면 20년 후 심근경색 발생률이 21% 감소하지만 10년 후에 1%를 낮추면 11%만 감소한 것으로 나타났다.

일본 구마모토 지역의 제2형 당뇨병 환자들을 대상으로 한 연구에서도 유산 효과가 입증되었다. 이 연구에서는 적극적으로 혈당 조절을 하는 경우에 실명의 원인이 될 수 있는 당뇨병성 망막병증이 69% 감소했고, 콩팥이 망가지는 당뇨병성 신장병증의 발생도 70%나 감소하는 것으로 나타났다.

당뇨병은 시간이 경과함에 따라 진행하는 병이라는 점을 떠올리면 쉽게 이해할 수 있다. 인슐린 저항성이 만들어지고, 췌장 베타세포의 양과 기능이 감소하면서 인슐린이 줄어들어 혈당이 상승하게 되고, 이런 상태가 지속되면서 혈관 합병증 등이 발생하기 때문이다. 당뇨병 치료를 10년 미루면 20년 후 사망률은 3배, 심근경색은 2배 증가하게 된다. 당장 약을 챙겨 먹는 게 귀찮고 부담스럽지만, 미루면 더 많은 약을 먹게 될 확률이 높아진다.

약이 싫어서 운동과 식습관만으로 꾸준히 혈당을 유지할 수 있으면 좋겠지만, 잘 진행되지 않는다면 반드시 약물치료를 병행하는 것이 중요하다.

당화혈색소와 공복 혈당

당뇨병을 진단할 때도 당화혈색소와 공복혈장 혈당을 참조하지만, 치료가 잘 되고 있는지도 당화혈색소와 공복 혈당을 사용한다. 어떤 한 가지가 더 우위에 있다기보다 두 가지 모두 각각의 특성이 있으니 모두 참조하는 것이 좋다.

공복 혈당이 어제 공부한 내용을 보는 쪽지 시험이라면, 당화혈색소는 3개월 동안 치른 쪽지 시험 점수들의 평균 점수라고 보면 되겠다. 오늘 시험 성적은 어제 공부한 내용에 의해 결정되듯이 오늘 공복 혈당은 어제 먹은 음식과 관련이 많다. 매일 놀다가 하루 정도 열심히 하면 좋은 성적을 낼 수 있는 것처럼, 평소에 관리를 잘 안 하더라도 병원 오기 며칠 전부터 음식 조절을 조금 신경 쓰면 공복 혈당 수치가 정상으로 나온다.

혈색소(헤모글로빈)는 적혈구에서 철을 포함하는 붉은색 단백질이다. 혈액 속의 당분들은 혈색소에 화학적으로 결합하게 된다. 혈색소 중에 이렇게 포도당이 붙어 있는 것을 %로 수치화해서 나타낸 것이 당화혈색소(HbA1c)이다. 당분이 많을수록 혈색소와 결합이 증가하므로 당화혈색소도 증가하게 된다. 적혈구의 수명은 보통 3개월 정도이므로 당화혈색소는 3개월 간의 평균 혈당을 반영한다고 볼 수 있다. 정확하게 3개월이라고 하기보다는 50%는 최근 1개월 동안의 혈당 조절에 의해 결정되며, 나머지는 각각 2개월 전, 3개월 전의 혈당에 의해 각각 25%씩 결정된다. 전체적인 추세를 볼 수 있지만, 혈당 변동 폭을 알 수 없는 단점이 있다. 또한 혈색소증, 임신, 투석을 하는 경우, 출혈이나 수혈이 있었던 경우에는 당화혈색소가 혈당 상태를 정확히 반영하지 못하기 때문에 결과 해석에 주의가 필요하다.

다음은 일반적으로 당화혈색소에 해당하는 공복 혈당과 식후 혈당을 나타낸다. 개인 차이가 크기 때문에 단순히 참고 정도로만 사용하면 되겠다.

당화혈색소	공복 혈당	식후혈당
5	84	162
6	109	192
7	134	221
8	159	250
9	184	280
10	209	309
11	235	339
12	260	368

증상도 없는 당뇨병을 치료하는 가장 큰 이유는 합병증 때문이다. 그래서 당뇨병 진단의 기준도 합병증이 급격히 증가하는 지점으로 결정하게 되고, 치료 목표도 합병증 발생이 감소하도록 결정한다. 당뇨병 환자의 경우 당화혈색소를 1% 낮추면 심근경색은 14%, 백내장은 19%, 당뇨병으로 인한 사망률은 21% 감소한다. 당뇨병으로 인해 작은 혈관들이 손상되는 미세혈관 합병증은 37%나 감소한다. 시력 상실의 원인이 되는 망막병증, 신장 기능이 손상돼 투석에 이르게 되는 신장병증 등이 미세혈관 합병증에 해당한다. 따라서 당뇨병으로 치료 중이라면 목표 혈당을 확인하고 가능한 모든 방법을 동원해 목표 혈당에 도달하도록 노력해야 한다.

당뇨병에 도움이 되는 영양제?

두 개의 통에 소금물과 그냥 물이 있다고 생각해보자. 이 두 물통이 작은 관으로 연결되면 소금물에 있는 소금은 그냥 물로 이동하게 되고, 두 통의 물은 같은 농도에 이르게 된다. 물통을 연결하는 관이 많아질수록 소금은 더 빠르게 이동한다. 또 두 물통의 소금물 농도 차이가 클수록 소금이 더 빨리 이동하게 될 것이다. 이런 농도 차이를 농도 경사라고 하는데, 미끄럼틀로 치자면 미끄럼틀의 경사가 클수록 빨리 내려오는 것과 비슷하다.

소금물이 혈액이고, 그냥 물이 있는 통이 세포라고 가정해보자. 혈액에 있는 포도당이 이동하기 위해서는 포도당이 통과할 수 있는 통로가 많아야 하고, 혈액과 세포 안의 포도당 농도 차이가 커야 한다.

인슐린이 하는 역할은 이 통로를 많아지게 하는 것이다. 평소에는 세포 안에 있는 작은 주머니에 있던 이 통로들이 인슐린 신호를 받으면 세포막으로 이동하게 된다. 그런데 이 통로는 운동에 의해서도 많아진다. 틈틈이 운동하면 이 통로가 많아져 포도당이 세포 안으로 잘 이동할 수 있게 되어 인슐린이 많이 필요하지 않게 된다. 몇몇 연구에서는 당뇨병 환자의 경우 GLUT4라는 이름의 이 통로가 당뇨병이 없는 경우에 비해 30% 정도 낮게 나타났다고 한다. 하지만 운동하면 70% 정도 증가하고, 이런 효과는 당뇨병 환자와 당뇨병이 없는 사람에서 모두 비슷하게 나타났다.

운동으로 늘어난 통로가 지속되면 좋지만 8~10시간 정도 지나면 절반으로 줄어든다. 12시가 되면 마법에 풀리는 신데렐라처럼, 운동 후 40시간 정도 지나면 이 통로로 인한 효과도 모두 사라지게 된다. 하지만 운동이 끝나고 난 후에도 포도당 이동 통로가 몇 시간 더 유지되는 이유는 이 시간 동안 포도당을 저장하기 때문이다.

우리 몸은 여분의 당분을 글리코겐이라는 형태로 근육이나 간에 저장한다. 운동으로 소진된 글리코겐을 다시 만들어서 다음 운동에 대비하게 되므로 혈당을 개선하는 효과가 조금 더 지속된다. 하지만 앞서 말한 제한 시간이 있어서 운동은 적어도 하루 이상은 거르지 않도록 한다.

그다음은 농도 경사다. 포도당이 세포 안으로 계속 이동하게 되면 세포 안의 포도당 농도는 상승하게 되고, 혈액의 포도당 농도는 점점 낮아지면서 농도 경사가 줄어들게 된다. 미끄럼틀의 시작하는 부분과 끝나는 부분의 높이 차이가 줄어드는 것과 같다. 이렇게 되면 포도당이 쉽게 이동할 수 없다. 끝나는 부분의 높이를 계속 낮추기 위해서는 세포 안의 포도당을 빨리 다른 물질로 바꿔야 한다. 보통 포도당에 인을 결합해서 다른 물질로 바꾸는데, 이 과정을 인산화라고 한다. 이런 인산화 반응에는 마그네슘이 필요하다. 마그네슘이 부족하면 농도 경사가 발생하지 않아 포도당의 유입이 감소하게 된다. 많은 연구에서 마그네슘을 100mg 정도 보충할 때마다 당뇨병 발생 위험이 10~12% 정도 감소하는 것으로 나타났다.

그 이후에도 포도당이 에너지가 되기 위해서는 몇 단계 화학반응을 연속으로 거쳐야 한다. 화학반응은 매우 예민한 공주님과 비슷해서, 필요한 모든 것이 있어야 반응이 진행된다. 하나라도 없으면 한 걸음도 움직이지 않는다. 연속으로 일어날 여러 반응 중에 가장 느리게 일어나는 반응이 전체 속도를 결정한다. 하이패스가 없는 톨게이트처럼 정체가 가장 심한 단계, 그런 단계가 3개 정도 있는데, 이 과정은 모두 B군 비타민과 마그네슘 등을 필요로 한다. 특히 비타민B1, B2, B3, B5가 필요하다. 이런 비타민과 마그네슘이 충분한 상황이 되면 이제 하이패스를 단 것처럼 수월하게 반응이 진행된다. 가장 느린 반응 몇 가지가 해결되는 것만으로도 에너지가 더 효율적으로 만들어진다. 이런 과정을 통해 포도당도 더 쉽게 세포 안으로 이동한다.

비타민 B3인 니아신과 관련해서는, 혈당 조절에 관해 긍정적이었던 연구와 반대의 결과가 나온 경우도 있다. 일부 연구에서는 고용량의 니아신이 혈당 조절을 방해하고 당뇨병 발생 위험을 증가시키는 것으로 나타났기 때문에 주의가 필요하다.

코엔자임Q10의 경우도 화학반응이 연속적으로 이뤄지기 위해 필요한 재료 중 하나이기 때문에 이를 보충하는 것도 도움이 될 수 있다. 2018년 국내 한 병원에서는 당뇨병 전 단계인 내당능장애가 있는 80명을 두 그룹으로 나누어 한 그룹에는 가짜 약(위약)을, 다른 한 그룹에는 코엔자임Q10 200mg을 매일 복용하도록 해서 코엔자임Q10이 인슐린 저항성 개선에 도움이 되는지 알아보고자 했다. 이 연구에서 코엔자임Q10 복용 그룹은 활성산소가 25% 정도 감소했다. 공복 인슐린은

55%, 인슐린 저항성은 45% 정도 감소했다.

코엔자임Q10과 관련된 40건의 연구에 포함된 2,424명의 데이터를 분석한 결과 혈당 조절에 도움이 되는 것으로 나타났으며, 특히 당뇨병이 있는 경우에 더 도움이 되는 것으로 나타났다. 공복 혈당이 5.2mg/dL 정도 감소하는 것으로 나타났으며, 기간에 따라 차이를 보였는데, 12주 미만 복용한 연구에서는 공복 혈당이 2.4mg/dL, 12주 이상 복용한 연구에서는 7.6mg/dL이 감소했다. 용량에 따른 차이도 있었는데, 용량을 200mg/dL 미만으로 복용한 경우 13mg/dL이 감소했으나 200~300mg/dL인 경우에는 0.7만 감소했고, 300mg/dL 이상 복용한 그룹에서는 오히려 공복 혈당이 증가했다. 인슐린 저항성도 비슷한 양상을 보였으며, 12주 미만 복용한 경우 인슐린 저항성이 0.24, 12주 이상 복용한 경우 1.0 감소했다. 용량에 따른 차이도 비슷하게 나타나서, 200mg/dL 미만 용량을 복용한 경우 인슐린 저항성은 1.0 감소했지만, 200~300mg/dL과 300mg/dL 이상 복용한 경우에는 각각 0.5, 0.2 감소한 것으로 나타났다. 따라서 코엔자임Q10의 경우 혈당 조절이나 인슐린 저항성에 관련한 이득을 위해서는 100~200mg의 용량이 가장 적합하다고 할 수 있다.

루시 뭐하냐?

이안 어제 컨퍼런스 끝나고 남은 커피인데요. 마실까 말까 고민하고 있어요, 선배님 혹시 드실래요?

루시 뭔데. 아메리카노야 라떼야?

이안 라떼요.

루시 너나 마시고, 가서 내 거 하나 새로 사와. 뜨아로.

이안 라떼 싫어하십니까? 지난번에 카푸치노 잘 드셨잖아요.

루시 커피는 뜨겁게 내리기 때문에 처음에는 균이 별로 없어. 아메리카노에는 영양소가 별로 없는데다 약간 산성이어서 균이 자라기 쉽지 않지.

여름에 5일 정도 커피를 실온에 방치하면 곰팡이가 자랄 수 있어. 가끔 원두에 곰팡이 피는 거 본 적 있지? 그런 식으로….

그런데 라떼는 좀 달라.

라떼나 카푸치노는 우유가 들어있으니까. 아메리카노에 비해 더 빨리 상해. 가능한 2시간 이내에 마시는 게 좋아.

입을 대면 입안에 있는 세균이 커피로 들어가서 더 빨리 상할 수 있고, 뚜껑을 덮지 않았다면 공기 중에 있는 곰팡이 포자가 앉아서 자랄 수도 있지.

이안 아. 그럼 저도 버릴래요. 커피 사면서 제 거도 하나 사도 됩니까?

루시 오후에 김 박사님이 커피 마시자고 했는데 그때까지 참아.

이안 선배님은요?

루시 아, 나는 지금 당장 한 잔 마시고 싶어서…. 일단 마시고. 이따 봐서 못 마실 거 같으면….

이안 못 마실 거 같으면 어떻게 하실 겁니까?

루시 입을 대기 전에 식혀서 냉장 보관했다가 내일 마시거나, 얼음통에 아이스 큐브로 얼려서 우유에 하나씩 타서 마시든지 할 꺼야.

이안 그러면 저도 똑같이 할래요. 제 것도 같이 하나 삽니다. 선배님.

루시 공짜라면 양잿물도 마실 기세구만.

슬기로운

환자생활

CHAPTER

4

비만

사람의 위를 호두만큼 작게 만드는 수술은 비만과 당뇨병을 치료하는 방법의 하나로 몇 명의 생명을 구할 수도 있지만, 원인을 해결하는 것은 아니다.

– 마크 하이먼 –

비만

과체중과 비만은 비정상적으로 많은 지방이 축적되어 건강을 위협하는 것을 의미한다. 심장질환, 당뇨병, 고혈압, 고지혈증, 간 질환, 수면 무호흡, 그리고 몇몇 암도 비만과 연관된다. 체지방량을 확인하기 위해서는 몇 가지 검사가 필요하다. 골밀도 검사를 할 때 사용하는 이중 에너지 방사선 흡수계측법이라는 방식을 이용해서 검사하거나 헬스장 같은 곳에서 볼 수 있는 인바디라고 하는 생체전기 임피던스법을 이용해서 체지방을 측정한다. 이 방법은 미세한 전기를 이용하기 때문에 부정맥 등으로 심박동기를 사용하는 경우에는 하지 말아야 한다. 심박동기에 영향을 줄 수 있기 때문이다. 이런 검사들이 번거롭기 때문에 흔히 체질량지수를 기준으로 한다.

체질량지수

1972년 안셀 키스(Ancel Keys)라는 생리학자가 체질량지수(BMI)라는 것을 발표한다. 체중을 키의 제곱으로 나눈 값으로, 완전히 만족스러운 것은 아니지만 적어도 비만 정도를 평가하는 다른 지표만큼 좋으며 간편하다고 주장했다. 키와 몸무게만 재면 되니까…. 통계학에도 밝았던 안셀 키스는 체질량지수는 인구 집단의 평가에는 적합하지만, 개인의 평가에는 부적절하다고 명시했으나 그 간편성 때문에 아직도 사용되고 있다. 체중만을 기준으로 하기 때문에 근육량이 많아서 체중이 많이 나가는 경우에는 비만으로 나올 수 있고, 반대로 체지방이 많지만 근육이 적어서 체중이 적은 경우에는 정상으로 나올 수도 있는 단점이 있지만, 전체 인구 집단으로 볼 때는 이런 차이를 보이는 사람이 많지는 않다.

체지방량 지수는 체지방량을 키의 제곱으로 나눈 값이다. 최근 이중 에너지 방사선 흡수 계측법으로 측정한 체지방량 지수와 키와 몸무게로 계산한 체질량지수를 비교한 어느 연구에서는 두 가지가 매우 높은 상관관계에 있는 것으로 나타났다. 근육량이 많아서 체중이 많이 나가는 보디빌더나 반대로 배가 볼록할 정도로 복부지방이 많지만, 근육량이 적어서 정상으로 나오는 극단적인 경우들을 제외하면 체질량지수는 체지방량 지수와 거의 일치하는 것으로 나타났다.

따라서 비만 여부를 평가하는데 체질량지수를 기준으로 하는 것은 적절하다. 다만 이 연구에서는 인종에 따른 차이가 있었는데, 백인, 흑인, 멕시코계 미국인에서는 거의 일치했다. 한국인의 경우도 통계적으로 의미 있는 정도의 연관성을 보였지만 일치하는 정도가 앞서 비교한 다른 인종들에 비해 약간 약하게 나타나긴 했다. 따라서 한국인에서도 체질량지수가 비만의 정도를 평가하는 데 도움이 될 수 있지만, 근육량이 매우 많은 비만, 혹은 정상체중인데 복부 비만이 있는 경우라면 추가적으로 이중 에너지 방사선 흡수 계측법이나 생체전기 임피던스법을 고려할 수 있다.

누가 봐도 뚱뚱한 사람은 검사하지 않아도 비만인데, 간혹 애매한 경우도 있다. 어디서부터 비만으로 볼 것인지는 다시 비만의 정의로 돌아간다. 통상은 건강에 문제가 될 정도로 체지방이 많은 것이 비만으로, 건강에 문제가 발생하기 시작하는 지점을 기준으로 하면 될 것이다.

세계보건기구(WHO)는 인종이나 성별과 상관없이 국제적으로 체질량지수가 25kg/m^2 이상이면 과체중, 30kg/m^2 이상이면 비만으로 정의했다. 유럽의 경우 인종 다양성이 존재하나 혼란을 피하기 위해 동일한 기준을 적용하고 있다. 하지만 한국을 포함한 아시아인의 경우 체질량지수 25kg/m^2 이하에서도 당뇨병 및 심혈관계질환 위험이 증가하며, 동일한 체질량지수에서 서양인에 비해 상대적으로 복부 지방과 체지방률이 높아 30kg/m^2를 그대로 적용할 경우 비만과 관련된 위험을 과소평가하게 될 우려가 있다. 또 서양인에 비해 체질량지수와 허리둘레가 더 작더라도 질병 발생과 사망률이 증가한다는 사실을 바탕으로 당뇨병, 고혈압, 이상지질혈증 등의 질병 이환과 위험요인을 고려해 아시아-태평양 지역에서는 23kg/m^2 이상을 과체중으로, 25kg/m^2을 비만으로 정의했다. 물론 우리나라도 이 기준을 채택하고 있다. 일본도 동일한 기준을 따르지만, 중국의 경우는 24kg/m^2 이상을 과체중으로, 28kg/m^2 이상을 비만으로 정의하는 등 국가별로 비만의 정의에 차이가 있다.

이 차이는 아시아인이 체질량지수에 비해 복부 지방이 높은 특징이 있기 때문이다. 다시 말하면 상대적으로 근육량이 적어 체중이 적게 나가고, 그에 비해 복부 지방의 비율이 더 높기 때문이다. 이 기준들은 인구의 특성이 변하면 다시 정리가 필요할 것이다. 최근에는 쌀 소비가 줄고, 육류 소비가 증가하고 있어서 한국인의 신체 구성이 변할 것으로 생각된다.

살 찌는 이유는 많이 먹고 안 움직이기 때문?

'내가 살 찌는 이유를 알려줄까?'

비만이 되는 이유에 대한 많은 이론이 있었고, 반박되었다. 설명이 쉽지 않은데, 설명하려는 사람이 너무 많다. 사우나에만 가도 내가 아는 사람이 이렇게 해서 15kg을 뺐다면서 살이 찌는 이유와 살을 빼는 비법을 설명해주는 사람들이 있다. 조만간 노벨상을 탈 기세다.

우선 이집트부터 시작해보자. 고대 이집트는 그리스에 비해 선진국에 해당했다. 이집트 사람들은 건강을 위해 식사를 제한했다. 그리스 역사가인 디오도로스 시켈로스의 기록에 따르면 이집트 사람들은 과잉 영양이 질병의 원인이라고 생각하기 때문에 2~4일마다 단식, 구토 등으로 질병을 예방했다고 하며, 마찬가지로 그리스의 역사가인 헤로도토스도 이집트인이 건강을 유지하기 위해 매달 세 번 토해서 스스로를 정화한다고 기록했다. 비만이 문제임을 인지하고 나름대로 대책을 세운 셈이다.

그리스의 피타고라스는 이것이 이상했다. 그는 과식을 하고 토하거나 굶는 것보다는 적당히 먹는 것을 더 중시하면서 건강을 중시하는 사람은 노동과 식사에 있어서 절제의 경계를 넘지 않아야 한다고 했다. 이 무렵 그리스에서는 비만과 질병이 연관되어 있다는 점을 인식하기 시작했으며, 히포크라테스는 비만이 불임과 조기 사망을 초래할 수 있음을 인식했다. 더불어 히포크라테스는 비만과 관련해 다음과 같은 말을 남겼다.

"우리의 몸이 감당할 수 있는 것보다 더 많은 음식을 섭취하는 동시에 과잉섭취를 없애기 위해 운동하지 않는 것은 건강에 매우 해롭다. 음식이 몸을 채우고 운동이 몸을 비우기 때문에, 몸이 원래와 같은 상태, 즉 완벽한 건강 상태로 유지되려면 음식과 운동이 정확하게 균형을 이루어야 한다."

그는 비만이 게으르기 때문이라고 생각했고, 비만은 그

자체로 질병일 뿐 아니라 다른 질병의 전조이기 때문에 비만한 사람은 덜 먹고 많이 움직여야 한다고 주장했다.

그 이후로도 오랫동안 비만에 대한 생각은 이것이 지배적이었다. '많이 먹고 덜 움직이니까 남은 에너지가 지방으로 저장된다.'라는 생각 말이다.

실제로도 그랬다. TV에서 하는 다이어트 리얼버라이어티 쇼 같은 걸 보면 혹독하게 굶기고 운동을 시킨다. 그리고 그 과정에서 체중이 쭉쭉 빠진다. 몇 주에서 몇 달에 걸쳐 완전히 다른 사람이 된다. 사실 체중이 조금 나가는 사람들은 대부분 비슷한 경험들이 있다. 작심하고 며칠 굶거나 힘들게 운동하면 체중이 줄어서 예쁜 옷도 잘 어울리고 자신감도 생긴다. 그런데 시간이 지나면서 식습관 관리가 서서히 무너진다. 그리고 몇 달에 걸쳐 줄였던 체중이 몇 주 만에 원상태로 돌아온다.

그런데 이것은 사실 식습관을 잘 유지하는 경우에도 마찬가지였다. 미국의 유명한 다이어트 쇼 중 하나인 '비기스트 루저' 시즌 8의 우승자인 다니엘 카힐은 195kg의 체중을 30주 동안 87kg까지 줄여서 완전히 다른 사람이 되었다. 110kg 정도를 감량한 셈이다. 이후에도 그는 체중을 유지하기 위해 하루에 800kcal만 먹고 지냈지만, 6년 뒤 그의 체중은 133kg이

되었다. 45kg 정도가 늘어난 것이다. '800kcal밖에 안 먹는데도 살이 찐다고?'

요요로 체중 감량에 실패한 당신이 다시 헬스장을 찾고 식단을 시작하면 다시 체중이 조금 줄기 시작한다. 그러다 정체기가 찾아오면 먹는 양을 줄이고 다시 운동 시간을 늘린다. 히포크라테스의 말을 그대로 실천하는 셈이다. 덜 먹고, 많이 움직이기. 이런 과정을 반복하면서 나중에는 새 모이만큼 먹고 퇴근 후에는 내내 헬스장에 있지만 체중은 더는 줄지를 않는다. 그리고 다이어트를 포기하는 순간 체중이 급격하게 증가하기 시작한다. 그 이유는 대사적응 때문이다.

'비기스트 루저' 시즌 8에 참가했던 16명 중 14명을 6년 뒤에 다시 만나서 분석한 연구가 있었다. 이들의 평균 체중은 프로그램 시작 전에 150kg에서 30주간의 경쟁 후에 90kg으로 평균 60kg를 감량했었다. 하지만 6년 뒤 이들의 평균 체중은 130kg으로 늘었으며, 지속적으로 체중이 감소한 1명을 제외하고 나머지 13명은 다시 체중이 증가했다. 그리고 그중 몇 명은 원래 체중이나 그 이상의 체중으로 증가되었다.

이 연구에서는 그 이유를 '대사적응' 때문이라고 했다. 우리 몸은 매일 소모해야 하는 에너지가 있는데 살림으로 치면 고정 지출 같은 것으로, 쉬고 있는 동안에도 소모되는 에너지다. 대개 체온을 유지하고, 숨을 쉬고, 심장을 뛰게 하는 데 드는 에너지다. 섭취하는 열량이 적어도 심장을 멈출 수는 없으니까. 그런데 수입이 크게 줄면 고정 지출을 줄이지 않을 수 없다. 체질량지수 이야기에서 등장한 안셀 키스는 건강한 남성 36명을 대상으로 칼로리 제한 실험을 6개월 동안이나 했다. 일주일에 약 1.35kg씩 체중이 줄도록 계산해서 칼로리를 제한했다. 이 계산을 통해 나중에는 하루 1,000kcal 미만으로 음식을 섭취하는 사람도 있었다. 그리고 매주 35km씩 걷도록 했다. 히포크라테스의 처방 그대로다. 덜 먹고, 더 움직이기. 6개월 동안 35kg이 줄도록 계획하고 시작한 이 연구에서 실제 체중감소는 그 절반 정도에 불과했다.

우선 체온이 낮아졌고 심박수도 20회 정도 감소했다. 말하자면 급격하게 줄어든 열량 섭취에 맞춰 몸이 고정 지출을 줄인 셈이다. 체온 유지를 위한 열 생산이나 심장 박동은 지속적으로 칼로리를 필요로 한다. 실험이 끝나고 상당히 오랫동안 에너지 소비량이 감소한 상태로 유지되었고, 체중은 빠르게 증가했다. 만약 6년 후에 이들을 다시 조사했다면, '비기스트 루저'의 출연자들과 비슷한 양상을 보였을 것이다.

'대사적응'은 우리가 식사 제한이나 활동을 통한 에너지 소비를 늘리면서 체중이 줄다가 정체기가 오거나 요요가 오는 이유를 잘 설명해준다. 그런 면에서 보면 무작정 굶고 뛰는 것은 체중 감량을 위해서는 좋은 선택은 아니다. 이는 물속에서 숨 오래 참기와 비슷하다. 길게 할 수 없고, 숨 참기가 끝나면 헐떡이면서 숨을 몰아쉬어야 하니까.

생활습관병이라는 이름이 갖는 문제 중 하나는 건강의 이상을 개인의 책임으로 돌리는 것이다. 이 병명은 당신이 나쁜 습관을 고치지 못했기 때문에 문제가 되는 것이라는 의미로 들릴 수 있다. 대다수의 사람은 비만에 대해서도 많이 먹고 게을러서 생기는 병이라고 생각한다. 1975년 영국에서는 이를 입증하기 위해 체중을 조절할 수 없다고 주장하는 29명의 여성을 모집한 다음 실험을 시작했다. 연구자들은 실험 대상자들이 체중 감량을 못 하는 이유가 많이 먹고 게으르기 때문이라고 생각하여, 숙소에 격리해 하루 섭취 열량을 제한하고 운동량을 엄격하게 통제했다. 3주 후 대부분 체중이 감소하긴 했지만, 10명은 체중이 줄지 않았고, 1명은 오히려 체중이 증가했다.

운동은 건강에 꼭 필요하고 대체 불가한 좋은 생활 습관이지만, 운동이 체중감소에 도움이 되는지는 생각해 볼 필요가 있다. 미국인은 전 세계에서 가장 운동을 많이 하지만 비만도 1등이다. 조금 더 극단적인 예는 아프리카의 하드자족과 서구인을 비교한 연구에서 볼 수 있다. '운동 역설'이라고 부르기도 하는데, 하드자족은 수렵 채집을 위해 하루 15km를 이동한다. 비슷한 체격의 서구인은 신체 활동이 훨씬 적다. 그런데 하루에 사용하는 총 에너지 소모량은 차이가 없다. 사실 총 에너지 소모량의 대부분은 기초대사량으로, 운동량이 증가하는 만큼 대사적응을 통해서 기초대사량이 감소하기 때문이다.

실제로 네덜란드인과 이탈리아인은 운동을 많이 안 하는데도 불구하고 미국에 비해 비만도는 1/3에 불과하다. 칼로리 측면에서도 비슷하다. 미국은 칼로리 섭취가 비슷한데도 비만 인구가 늘고 있으며, 영국은 칼로리 섭취가 감소했는데도 비만이 증가했다. 하긴 그렇게 쉬웠다면 비만 환자가 이렇게 많지는 않았겠지….

대사적응을 피하는 팁

우리가 가장 많이 시도하고 가장 많이 실패하는 다이어트 방법의 하나는 매일 먹는 양을 조금 줄이는 것이다. 처음에는 체중이 조금 줄어드는 것 같은데, 시간이 지나면서 더 줄지 않거나 다시 늘어서 원래 체중으로 되돌아간다. 앞서 언급한 대사적응 때문이다.

하루 동안 소비하는 전체 에너지의 70% 정도는 기초대사량이다. 운동이 아닌 신체 활동으로 소비되는 것이 15%, 운동으로 사용하는 에너지가 10%, 그리고 나머지 5%는 음식에 의해 소모되는 에너지다. 우리가 운동으로 소모하는 열량은 생각보다 크지 않지만, 대부분은 기초대사량으로 소모된다. 계속해서 열량을 제한하면 몸은 우리가 사용하는 열량 중에서 가장 비중이 큰 기초대사량을 줄인다. 하지만 간헐적으로 열량 제한을 할 때는 기초대사량이 줄지 않는다. 시끄러운 곳에 있으면 소음에 무뎌지지만 조용한 곳에 가면 다시 소리에 민감해지는 것처럼. 조용한 곳과 시끄러운 곳을 오가면서 소리에 무뎌지지 않게 되는 것과 비슷한 원리다.

실제로 그런 효과를 본 연구들도 있다. 137명의 제2형 당뇨병 환자를 두 그룹으로 나눠서, 한 그룹은 매일 1,200~1,500kcal를 먹게 하고, 다른 그룹은 일반식사를 먹지만 1주일에 2일은 500~600kcal를 먹게 했다. 두 팀 모두 비슷한 체지방 감소와 체중 감량이 나타났지만 1주일에 2일만 열량 제한을 심하게 한 그룹에서 체중과 체지방이 조금 더 많이 감소했다.

영국에서는 과체중 또는 비만이 있는 여성을 대상으로 비슷한 연구를 했다. 비만과 체지방 증가의 원인이 되는 인슐린의 분비 감소가 처음 한 달은 비슷하게 나타났지만, 지속적인 열량 제한 그룹에서는 한 달에서 6개월까지 큰 차이가 없었던 반면, 간헐적 열량 제한 그룹에서는 한 달 이후에도 계속해서 인슐린이 감소하여 6개월 후까지 계속 감소하였다. 이는 간헐적 열량 제한 또는 간헐적 단식이 지속적인 체지방 감소에 도움이 될 수 있으며, 대사적응을 피할 방법의 하나가

될 수 있음을 보여준다.

여러 가지 간헐적 단식 방법이 있으니 본인에게 맞는 것을 찾기 위해 여러 가지 모델을 시도해보는 것도 나쁘지 않다. 그중 5일간 600~800kcal 정도를 섭취하는 단식 모방 다이어트는 체내 노폐물을 청소하는 자가포식 기능을 활성시킬 수 있으므로 체지방 감소나 당대사 개선뿐 아니라 노화 방지에 도움을 줄 수 있는 것으로 알려져 있다.

왜 먹고, 왜 그만 먹는가

(배고픔과 포만감)

굶는 것도 좋은 방법이 아니고, 신체 활동을 늘려서 칼로리 소모를 늘리는 것도 좋은 방법이 아니라면 너무 절망적이다. 비만은 정말 평생 고칠 수 없는 질병일까? 뒤이어 등장하는 몇 가지 이론들이 있지만, 자세히 설명할 생각은 없다. 간단하게 훑어보고 가자.

1984년에는 ‘세트 포인트‘라는 개념이 등장한다. 체중과 지방에 대해 정해진 포인트가 있다는 것이다. 그래서 체중이 줄면 다시 정해진 체중이 되도록 식욕을 자극하고 포만감을 줄인다. 동시에 대사 속도를 늦춰서 칼로리 소비를 줄여 원래 체중으로 돌아가게 한다는 내용이다. 지방세포에서는 포만감을 주는 무엇인가를 그 과정에서 만들 것으로 생각했다. 지방이 늘어나면 포만감이 늘어나서 식욕이 줄고, 지방이 줄면 포만감이 줄어서 다시 식욕이 늘어날 것으로 생각했는데, 그런 물질이 발견된다. 렙틴이라는 물질인데, 문제는 비만 환자들은 렙틴에 반응하지 않아 포만감을 느끼지 못하는 것이었다. 그래서 렙틴을 주사해도 체중 변화가 없었다.

그다음으로 주목해야 할 호르몬이 등장하는데, 그렐린, PYY(Peptide YY), CCK(Cholecystokinin)라는 호르몬이다. 그렐린은 배고픔을 조절하고 PYY와 CCK는 포만감을 준다. 그래서 그렐린은 음식을 먹게 만들고 PYY와 CCK는 식사를 중단하게 한다. 비만 치료를 목적으로 하는 위 수술 방법 중에는 그렐린이 나오는 부위를 제거해 배고픔을 줄이는 수술 방법도 있다. PYY와 CCK는 단백질과 지방에 반응하기 때문에 탄수화물은 포만감을 느끼기가 쉽지 않고, 단백질과 지방은 조금만 먹어도 포만감을 느낄 수 있다. 실제로 이전에 단백질과 지방 위주로 식사를 하는 앳킨스 다이어트(우리나라에서는 황제 다이어트로 더 알려져 있던)나 요즘 유행하는 저탄고지 다이어트의 경우 섭취량을 제한하지 않아도 칼로리 섭취가 더 적은데 그 이유는 PYY와 CCK에 의한 포만감 때문이다.

비만한 사람은 PYY가 작게 나와서 포만감이 적고 식사를 멈추는 것이 더 어려운 것으로 알려져 있으며, 몇몇 실험에서

PYY를 주사한 후 식사를 마음껏 먹게 했더니 비만한 사람과 정상인 사람에서 모두 30% 정도 칼로리 섭취가 감소했고, 24시간 칼로리 섭취도 감소하는 것으로 나타났다. 또한, 배고픔을 유발하는 호르몬인 그렐린도 감소시키는 것으로 나타났다. CCK의 경우에는 음식 섭취를 줄이고 포만감을 증가시키긴 했지만, 구역질이 심하고 장기간 사용 시 부작용이 있어 치료제로의 가능성은 작다.

그렐린은 배고픔을 일으켜서 식사하게 만드는 호르몬이다. 그렐린이 많아지면 금단 증상을 보이는 사람처럼 계속 음식을 찾게 된다. 그렐린의 분비는 실제로 배고픔보다는 학습되는 면이 있다. 매일 일정한 시간에 식사하면 그 시간 무렵에 그렐린이 증가하게 된다. 조건 반사처럼. 그래서 냉장고 주변을 서성이면서 열었다 닫기를 반복한다거나 배달의 민족 같은 앱을 켰다 껐다 하고, 안절부절못하게 만든다. 이 상태는 1시간 혹은 2시간가량 유지되는데, 시간이 지나면서 그렐린이 감소하기 때문이다.

점심시간에 배가 엄청 고픈데 다른 일로 식사 시간을 놓치면 오히려 밥 생각이 별로 안 나는 경험을 해 본 적이 있을 것이다. 밥 생각이 간절한 시간이 되면 그 시간에 다른 흥미로운 일로 밥 생각을 줄여보는 방법도 있다. 게임을 한다거나

TV를 본다거나 애인과 손을 잡고 걷는다거나. 며칠 이런 생활이 반복되면 그 시간에 나타났던 금단 증상은 사라지게 될 것이다.

식사량을 줄이기 위해서 우리는 배고픔과 포만감을 전략적으로 활용할 필요가 있다. 그렐린이 습관적으로 분비되지 않도록 식사 시간을 불규칙적하게 하는 방법이 있다. 혹은 배고픈 시간을 다른 일로 채우는 방법도 있다. 그렇게 진짜 배고픔과 습관적인 배고픔을 구분하면서 음식에 대한 갈망을 줄일 수 있다. 정신없이 지내다 보니 밥 먹는 것도 잊고 있었네. 뭐 이런 식으로.

음식에 지방과 단백질의 비율을 높이면서 식사 시간을 길게 하면 소량의 식사로도 포만감에 도달할 수 있다. 식사 시간을 길게 하는 이유는 지방과 단백질이 흡수되는 데 걸리는 시간 때문이다. 혼밥의 문제 중 하나는 본인의 의도와 상관없이 빨리 먹게 되는 것이다. 여럿이 먹으면 먹으면서 이야기도 하고 듣고 하는데, 그렇게 쉬는 시간이 없어지는 단점이 있다. 혼밥을 주로 한다면 타이머를 이용하는 방법도 있다. 한 입 먹고 타이머를 켜자. 알람이 울리기 전까지는 잠시 멈췄다가 알람이 울리면 다시 숟가락을 들어보는 방법도 있다.

실제로 우리가 음식을 먹기 시작하고, 먹다가 그만 먹

게 되는 것은 훨씬 더 복잡하다. 어떤 부분이 더 크게 작용하는지는 개인에 따라 다르지만, 기본적인 틀은 비슷하다. 우리 몸은 일정한 체중을 유지하려는 경향이 있어서 체중이 줄면 더 많이 먹고 싶어지고, 체중이 늘면 조금 덜 먹어도 배가 부르다. 중요한 점은 일정한 시간에 음식을 먹으면 그 시간에 맞춰 배고픔 신호가 오는데, 포만감을 주는 것은 탄수화물이 아니고 단백질과 지방이라는 점을 기억하자.

지방은 왜 쌓이는가?

소는 채식하는데, 왜 마블링이 생기는지 궁금하지 않은가? 사실 마블링을 만드는 것은 고기나 기름이 아니고 곡물 사료이다. 곡물 사료가 혈당을 높이면 인슐린이 분비되어 이것을 간이나 근육으로 옮겨서 지방으로 저장한다. 간혹 풀을 먹고 키운 목초 사육 소고기들도 볼 수 있는데 이런 고기들은 확실히 마블링이 적다.

조금 더 극단적인 예도 있다. 시슬리 윌리엄스는 옥스포드 대학교 최초의 여자 졸업생 중 한 명이다. 그녀가 옥스퍼드에서 의학 공부를 시작할 당시에는 제1차 세계대전으로 남학생이 부족해 여학생의 입학을 허가했다고 한다. 전쟁이 끝나고 남학생들이 돌아오자 직장을 구하기 쉽지 않았던 그녀는 런던의 위생 및 열대 의학 교실을 수료하고 런던을 벗어나 식민지 의료서비스에 지원해 지금의 가나 지역에서 근무하게 되었다. 영국에서는 원래 소아 병원에서 근무했는데, 이곳에서 신생아에 비해 2~4세 아이들의 사망률이 높다는 것을 발견했다. 그리고 배가 부풀어 오르고 팔다리가 가느다란 어린아이들이 치료에도 불구하고 자주 사망하는 경우가 생기자 부검을 시행했다. 가나 여성들은 이 병을 '콰시오커(kwashiokor)'라고 불렀는데, '동생이 태어나면 걸리는 병'이라는 의미였다. 윌리엄스는 이 병에 대해 연구 발표하면서 이 이름을 그대로 사용했다.

모유에는 아이들의 성장에 필요한 아미노산이 들어있는데, 동생이 태어나면 모유를 동생에게 양보해야 한다. 대신 옥수수, 카사바(고구마처럼 생긴 열대지역 구황작물), 쌀과 같이 탄수화물 함량이 높은 음식을 먹게 된다. 탄수화물은 혈당을 높이고, 높은 혈당은 인슐린 분비를 초래하며, 인슐린은 탄수화물을 지방으로 저장하는데, 이 과정에서 지방간이 심해져 간경화로 이어지고 간경화 증상 중 하나인 복수가 차면서 배가 올챙이처럼 부풀게 된다. 간경화로 단백질을 만들지 못해 다리가 붓지만 근육은 점점 감소한다. 콰시오커라는 이름은 표현이 어려워 '단백질 영양실조'라고 부르기도 한다. 이런 연구와 모자보건에 대한 열정을 바탕으로 시슬리 윌리엄스는 세계보건기구가 출범할 당시 최초의 모자보건 국장을 역임했다.

소고기의 마블링이나 콰시오커는 아주 극단적인 예이지만, 우리 몸에서 체지방으로 저장되는 것은 탄수화물임을 선명하게 보여주는 예이다. 앞서 말한 것처럼 당분은 포만감을 주지 못하기 때문에 빵이나 과일이 다 없어질 때까지 먹는 것은 어려운 일이 아니다. 체면 때문에 참는 거지. 반면 고기는 그게 쉽지 않다. 더 먹을 수 있을 것 같아도, 생각만큼 많이 먹을 수 없다. 회식 때 마음껏 먹으려고 점심을 굶어도 먹다 보면 약오를 정도로 금방 배가 부른다.

당분이 인슐린 분비를 증가시켜서 체지방을 늘린다면 당분과 인슐린 중에 어떤 것이 더 문제일까? 정답은 인슐린이다. 인슐린을 맞는 당뇨병 환자의 경우 음식으로 먹는 칼로리를 줄이더라도 인슐린 용량을 늘리면 체중과 체지방이 증가한다. 인슐린 분비를 증가시키는 경구 혈당강하제들도 체중을 증가시킨다. 별로 안 먹어도 살이 찐다는 사람들은 혹시 본인의 식사가 너무 탄수화물 위주인지 살펴볼 필요가 있다. 그리고 우리나라 음식에는 숨어있는 탄수화물이 너무 많다. 이런 것들을 하나씩 확인하고 싶다면 연속 혈당기를 사용해 보면 도움이 된다.

연속 혈당기는 음식에 따라 혈당이 어떻게 변하는지 실시간으로 확인할 수 있는데, 확인하면서 대부분 놀라게 된다. 의외로 혈당을 높이는 음식들이 많기 때문이다. 닭갈비, 아귀찜, 떡볶이 같은 음식들은 실제로 라면이나 햄버거보다 혈당을 빠르게 상승시키는 경우가 많다. 소스 때문이다. 맛있게 매운 소스에는 많은 양의 설탕이 숨어있는 경우가 많다. 그리고 채소나 과일 등을 이용한 즙도 그런 경우가 많다. 떡볶이에서 떡은 탄수화물이니까 살이 찐다고 소스만 먹는다면 오히려 설탕물을 계속 먹고 있는 것과 같다. 게다가 매콤함을 없애기 위해 탄산음료까지 마신다면…. 그런데도 떡볶이는 간식이라고 생각하는 경우가 많아서 본인이 많이 먹고 있다는 것을 인지하지 못하는 경우가 많다.

지방과 환경 호르몬?

1982년 미국 환경보호청은 미국인들의 지방 조직에 대한 검사를 시행한다. 이른바 '미국국민지방조직조사'라는 대규모 조사였다. 지방 조직에 이물질이 있는지 확인하기 위해서였는데, 결과는 충격적이었다. 스티렌, 자일렌, 다이옥신 같은 물질들이 대상자 전원에서 검출되었다. 95%가 넘는 사람들에서 벤젠 등이 검출되었고, 80%가 넘는 사람들에서 절연제나 합성수지의 가소제로 쓰이며 독성이 있어 일부 국가에서는 금지되기도 하는 PCB(폴리염화바이페닐)가 검출되었다.

잘 분해되지 않는 이런 유기물질들을 잔류성 유기오염물질(POPs, persistent organic pollutants)이라고 하는데, 대개 지방에 잘 녹는 성질이 있어서 인체에서도 지방 조직에 잘 침투한다.

말 그대로 잔류하는 성질이 있어서 농도가 높아지고 서서히 제거되는 특징이 있다. 특히 농약 등에도 이런 물질들이 많이 있어서 그런 풀을 먹고 자라는 동물의 지방 조직에도 축적된다. 더불어 이런 동물을 먹는 사람에게도 POPs가 축적된다. 혹은 공기를 통해서도 몸에 축적될 수 있다. 난연재(플라스틱이 잘 타지 않게 첨가하는 물질)나 계면활성제에도 POPs가 들어있다. 그러고 보면 거의 모든 사람에게서 검출되는 것도 전혀 이상하지 않다.

따라서 체지방이 많다면 몸에 저런 POPs들이 많이 쌓일 수 있다. 그러므로 체지방이 누적되지 않게 하는 것이 환경오염에 의한 손상으로부터 몸을 지키는 방법이다. 그런데 이미 체지방이 많아서 환경 호르몬이 몸에 많이 있다면?

POPs가 몸에 해로운 것은 분명한데, 지방 조직에 있을 때는 우리 안에 있는 맹수라 할 수 있고, 혈액으로 나오게 되었을 때는 우리를 탈출한 맹수와 같아서 신체에 훨씬 더 큰 피해를 줄 수 있다. 비만하고 체지방이 많은 경우에는 POPs가 조금씩 혈액으로 스며들지만, 생활 습관 개선을 통해 빠르게 체지방이 감소하는 경우에는 POPs가 빠르게 혈액으로 스며들어 혈중 농도가 상승하게 된다. 혈액의 POPs들은 인슐린 저항성을 악화시켜 당뇨병을 발생시키고 비만을 유발한다는 많은 연구 결과들이 있다. 실제로 5건의 연구에 포함된 270명의 데이터를 분석한 노르웨이의 한 연구에서는 체중이 1kg 감소할 때마다 POPs가 2~4% 정도 증가하는 것으로 나타났다. 체중을 40% 정도 줄면 POPs는 1.5~4배까지 증가할 수 있다. POPs의 증가는 체중 감량 후 12개월 후까지 유지되었다.

이는 빠르게 체중이 줄다가 정체기가 오거나 요요가 오는 원인 중 하나이다. 그뿐 아니라 POPs가 고농도에서는 신경계에 직접적으로 독소로 작용하며, 낮은 용량으로도 우리 몸에서 에너지를 만드는 공장 역할을 하는 미토콘드리아의 기능을 망가뜨려 신경의 염증을 일으키고 장기적으로 치매를 유발하는 것으로 알려져 있다. 그래서 체중 감량과 관련된 딜레마에 빠지게 된다. 물론, 그럼에도 체중 감량의 이득이 훨씬 더 크다고 볼 수 있으므로, 이런 두려움 때문에 감량을 미뤄서는 안 된다.

무조건 빠르게 체지방을 줄이는 것이 최선은 아니다. 특히 POPs는 태반을 통과하여 태아에게도 영향을 미칠 수 있으므로 임신을 준비하면서 급격한 체중 감량을 하는 것은 더 주의가 필요하다. 또 모유로 수유 중인 아이에게도 전달될 수 있다. 태아와 아기는 POPs에 더 취약할 수 있으므로 주의해야 한다. 다행히 최근에는 POPs에 대한 인식이 확대되고 있으며,

전 세계적으로도 규제가 되고 있어 POPs는 감소하는 추세에 있다. 가능한 오염을 피할 수 있는 생활 습관을 실천하는 것이 중요하다.

BPA는 체내 지속시간이 길지 않아 POPs로 분류되지는 않지만 여러 곳에서 계속 노출되기 때문에 POPs와 함께 언급되는 경우가 많다. 통조림 안쪽 면이 BPA로 코팅된 경우가 많으므로 통조림에 들어있는 음식을 줄이는 것이 좋다. 통조림 안에 남아있는 음식이 아깝다고 숟가락으로 세게 긁는 것도 피해야 한다. 영수증의 감열지도 BPA로 코팅된 경우가 많으므로 특별한 경우가 아니면 영수증을 생략하는 것이 좋다.

다이옥신은 고기, 생선, 우유, 달걀, 버터 등 모든 음식에 광범위하게 퍼져있을 것으로 판단되므로 동물성 식품을 가능한 줄이는 것이 다이옥신을 피하는 방법 중 하나이다. 대표적인 POPs 중 하나인 과불화화합물(PFOA)은 음식이 눌어붙지 않게 프라이팬을 코팅하는 테플론 등에 들어있다. 프라이팬 온도가 200도 정도로 높아지면 PFOA가 증기로 배출되므로 주의가 필요하다. PFOA 프리(PFOA free)는 PFOA가 없다는 의미가 아니라 '검출이 안 된다'는 의미로 주의가 필요하다. 따라서 이 경우에도 긁혀서 코팅이 벗겨지면 PFOA가 나올 수 있다. PFOA를 사용하지 않았다는 'PFOA 사용하지 않고 만듦

(Made without PFOA)' 마크가 있으니 PFOA 프리와 구분이 필요하다. 스테인리스 팬이나 무쇠 팬의 경우에는 PFOA에 대한 우려가 없다.

스트레스 살?

100m 달리기 출발선 앞에 서 있는 당신은 지금 식은땀이 나고 가슴이 두근거릴 것이다. 귀를 쫑긋 세우고 출발 신호만 기다리고 있다. 몸은 언제든지 반응할 수 있게 준비하고 있다. 그리고 혈당이 상승한다. 언제든지 에너지를 이용할 수 있게 포도당을 만들어서 혈액으로 내보내기 때문이다.

어? 그런데 혈당이 상승한다고? 그리고 1시간이 지나도 출발 신호가 울리지 않는다. 스트레스가 지속되면 혈당이 상승한 채로 오랫동안 유지된다. 그 뒤의 이야기는 우리가 알고 있는 그대로다. 인슐린이 나오고 지방에 저장된다. 그래서 스트레스는 칼로리가 없지만, 비만을 초래할 수 있다.

물론, 두근거리는 찰나에 바로 출발 신호가 울리고 달리기를 하면 높아졌던 혈당은 에너지로 소비되기 때문에 별다른 문제가 없다. 단지 스트레스가 만성적으로 지속되는 것이 문제다.

잠을 못 자게 하는 것도 대표적인 스트레스 원인이다. 숙제나 업무가 많아서 잠을 못 자면 스트레스 호르몬이 증가한다. 그런데 데이트나 본인이 좋아하는 즐거운 일로 잠을 못 자게 되면 스트레스 호르몬이 오르지 않기도 한다. 좋아하는 일을 하는 것은 사실 스트레스를 받는 일은 아니기 때문이다. 어쩔 수 없이 과도한 업무로 잠을 못 자는 경우라면, 그 일을 즐겁게 받아들이면 더 좋다.

수면과 체중에 관한 연구도 많다. 데이트나 넷플릭스도 어쩌다 한두 번이지 계속 잠이 부족하면 스트레스를 받지 않을 수 없다. 하루만 자지 않아도 코티솔이 두 배로 증가하고 그 효과는 다음 날 저녁까지 이어진다. 수면을 4시간으로 제한하면 인슐린 민감도가 40% 감소한다. 5일 동안 잠이 부족하면 인슐린 분비는 20%나 증가하게 된다.

일반적으로는 7시간을 기준으로 체중이 증가하기 시작한다. 4시간만 자는 사람과 10시간까지 마음껏 자는 사람들을 비교한 연구에서 4시간만 잔 사람들은 5일 만에 약 1kg이 늘었다. 반대로 10시간을 잔 사람들은 체중 변화가 없었다. 여성들을 16년 동안 관찰한 연구에서는 7시간 수면을 하는 여성에 비해 6시간 수면하는 경우 13.5kg 이상 체중이 증가할 가능성이 12% 더 높았으며, 5시간 미만을 자는 경우에는 28% 더 높았다고 한다. 잠이 부족할수록 체중이 증가할 가능성이 점점 높아지는 셈이다. 물론 그렇다고 해서 잠만 잔다고 살이 빠진다는 이야기도 아니다.

사실 직장 생활이나 육아를 하면서 7시간을 꽉 채워서 자는 것은 쉽지 않다. 야근이나 회식도 있고, 자녀가 중간고사 준비를 하면 괜히 잠들기 미안해서 억지로 눈을 뜨고 있기도 한다. 이런 경우 주말에 몰아서 더 자는 것도 도움이 된다. 19세 이상의 약 2,000명을 대상으로 한 국내 연구에서 주말에 평일보다 2시간 더 자는 경우에는 체질량지수가 더 낮은 것으로 나타났다. 이 연구에서는 평일에 비해 주말에 한 시간 더 잘 때마다 체질량지수가 $0.12kg/m^2$ 더 낮게 나타났다. 일요일 잠꾸러기들은 첫 끼를 점심으로 시작하는 경우가 많은데, 그래서 그런 걸까? 그건 잘 모르겠다.

커피의 카페인은 교감신경을 자극한다. 잠이 번쩍 깨고 정신이 맑아지기도 하지만, 교감신경은 혈당을 상승시킬 수 있다.(실제로는 인슐린이 상승할 수 있다. 혈당이 오르려고 하면 인슐린이 나와서 포도당을 세포 안으로 넣어버리므로). 칼로리가 없는 아메리카노도 그런 이유로 체지방 증가에 일조할 수 있다. 특히 식후에 마시는 커피는 이미 혈당이 상승한 상태이므로 더 나쁠 수 있다. 가능한 공복에 마시거나 식후 마시게 된다면 이어서 가벼운 운동을 하도록 권장한다.

보통 뚱뚱하면 왠지 마음이 여유가 있고 푸근할 것으로 생각하지만, 실제로는 마음의 여유보다 스트레스 때문에 체중이 늘었을 가능성이 크다. 나에게 잠이 부족한지, 카페인을 너무 많이 섭취하는지도 한 번 돌아보는 게 좋겠다.

그의 비만, 그녀의 비만

팔 운동을 한다거나, 다리 운동을 해서 팔이나 다리 근육이 더 많아지게 할 수는 있지만, 실제로 원하는 부위의 지방만 빼기란 쉽지 않다.

살이 찌는 부위는 남녀 차이가 있는데, 남자는 주로 배가 나오고 여자는 엉덩이와 허리에 살이 찐다. 그런 이유로 남자의 비만은 사과 모양으로, 여자의 비만은 서양 배 모양으로 표현한다. 실제 20대를 기준으로 하면 복부 비만이 있는 여성은 9%에 불과하지만, 남성은 23%나 된다. 30대가 되면 남성의 32%에서 복부 비만이 나타나고 여성의 복부 비만은 여전히 13% 정도에 불과해 2배 이상의 차이를 보인다.

남성의 경우 활동량이 더 많고, 여성의 경우 디저트와 같이 달콤한 음식들을 선호하는 경향이 있는데 왜 이런 차이가 나타나는 것일까? 그 이유는 여성 호르몬인 에스트로젠 때문이다. 에스트로젠은 인슐린 저항성을 낮춰준다. 적은 양의 인슐린으로 혈당 조절이 가능하기 때문에 지방 축적이 적다. 그래서 달콤한 디저트를 많이 먹고, 운동을 많이 하지 않아도 체중이 별로 늘지 않는다. 20대 여성 중에는 나는 먹어도 살이 안 찌는 체질이라고 생각하는 사람들이 많다. 안타깝게도 마법을 그리 오래 가지 않는다.

폐경이 오는 나이는 일반적으로 50세이지만, 난소의 노화는 그보다 훨씬 전부터 시작된다. 35세부터 난소의 노화가 시작되고 에스트로젠이 감소하기 시작한다. 그 결과 이제 여성도 배가 조금씩 나오기 시작한다. 진료실에서 하도 많이 듣는 표현이 '시집와서 애 키우고 남편 뒷바라지하느라 배가 나오기 시작했다.'라는 얘기다. 하지만, 시집와서 고생하여 배가 나오기 시작한 것이 아니라 에스트로젠이 감소하기 때문이라는 것을 다시 한번 기억해야 한다.

물론 35세에 바로 배가 나오는 것은 아니고 변화가 서서히 시작된다. 얼음이 바로 녹지 않고 시간이 지나야 물이 되는 것처럼. 남성의 경우 30대가 되면 30%에서 복부 비만이 나타나 80대까지 비슷한 비율로 유지되지만, 10%에 불과했던 여성의 복부비만은 30대 중반 이후 서서히 증가하다 50대에 폐경과 함께 가속이 붙어 60대가 되면 30%로 남성과 비슷해지고 70대가 되면 남성을 앞선다. 즉, 70대 여성의 40%가 복부 비만이 생긴다. 살이 안 찌는 체질이라던 20대 여성들은 30~40대가 되면서 운동을 시작하고 식사를 조절하지만, 뱃살을 줄이기란 좀처럼 쉽지 않다.

한편, 사과 모양의 남성 복부 비만은 내장 지방이 과도한 것을 의미한다. 서양에서는 '술배(beer belly)'라고 부르기도 하는데, 술은 인슐린 저항성을 악화시켜 내장 지방이 잘 누적되게 하므로 적절한 표현이라고 할 수 있다. 엉덩이와 허벅지에 살이 붙는 서양배 모양은 피하지방의 증가를 의미한다. 대사증후군이나 당뇨병 등과 관련해 문제가 되는 것은 복부 비만이므로 엉덩이나 허벅지 피하지방은 건강과 관련해 큰 문제가 없다. 문제는 30대 중반 이후부터 여성이 사과 모양이 되는 것이다. 그때부터는 더 엄격한 관리가 필요하다. 특히 젊었을 때와 비슷한 식사 습관을 유지하면 점점 더 사과가 될 수 있다. 난소의 노화가 시작되고 에스트로젠이 감소하면서 체지방이 증가하는 것을 막아주던 방패가 하나 사라지기 때문이다. 이전에 비해 더 적극적인 당분 제한과 운동을 통해 복부 지방의 증가를 막아야 한다.

세계 최초의 다이어트 책은?

윌리엄 밴팅. 1796년에 태어난 것으로 알려져 있다. 런던에서 장례식 사업을 하는 집안에서 태어났으며, 그의 집안은 왕의 장례식을 도맡아 할 정도로 유명했다고 한다. 키는 165cm 정도였다는데, 30대부터 서서히 체중이 증가해서 62세에 92kg까지 늘었다고 한다. 체중을 줄여야겠다고 생각한 그는 의사를 찾아갔다.

첫 번째 의사는 음식을 적게 먹도록 했는데, 참지 못해서 실패했다. 두 번째 의사는 템스강에서 배를 타고 노를 젓게 했다. 몸이 튼튼해졌는데, 운동이 끝나면 배가 고파서 참지 못했다. 몇 번의 실패 끝에 그가 마지막으로 찾아간 의사는 런던의 소호 광장에 사는 윌리엄 하비(혈액이 순환한다는 것을 밝혀낸 1600년대 윌리엄 하비와는 다른 사람이다.)라는 의사였다.

윌리엄 하비는 한때 프랑스에서 끌로드 베르나르에게 강의를 들었었다. 끌로드 베르나르는 생소하지만 '우리 몸의 내부는 안정적인 상태를 유지하려는 경향이 있다.'고 주장했던 학자로, 일정한 상태를 유지하려는 경향을 가진 '내부환경'이라는 의미로 mileu intérieur 라는 말을 만든 사람이다. 어떤 이는 그를 과학 분야에서 가장 위대한 사람 중 한 명으로 꼽기도 하는데, 그가 만들어낸 mileu intérieur 라는 말은 지금도 의과대학생들의 생리학 책 맨 앞장에 등장한다.

어쨌든 그런 사람에게서 수업을 듣고 온 윌리엄 하비는 밴팅에게 색다른 제안을 한다. 하루 네 번 식사하는데 고기와 채소, 과일, 그리고 와인만 먹게 했다. 설탕, 사카린, 전분, 맥주, 우유, 버터는 최대한 먹지 않게 했는데, 9개월 동안 16kg을 감량하고 2년 후에는 22kg을 감량했다. 다이어트에 성공한 그는 감격한 나머지 1863년 12월에 〈대중들에게 보내는 비만에 대한 편지〉라는 다이어트 관련 출판물을 제작한다. 사람들은 이것을 최초의 다이어트 서적이라고 생각한다.

사실 '저탄고지(탄수화물을 적게 먹고 지방을 많이 먹는 식사 방법)'는 가장 확실한 체중 감량 방법이다. 당분 섭취가 없으므로 인슐린이 나오지 않고, 인슐린이 감소하면 저장된 지방이 분해되기 시작한다. 키토제닉이라고 하는 식단도 사실은 와인만 빼고 윌리엄 하비의 조언과 크게 다르지 않다. 이 다이어트 방법은 밥 대신 계란이 들어있는 키토 김밥처럼 탄수화물을 최대한 제한하는 방식이다. 최근에 유행해서 그렇지 이 식단도 이미 100년 전에 만들어진 것으로, 당뇨병 치료제가 없던 시절 당뇨 치료식으로 사용되기도 했다. 그리고 뇌전증(예전에 간질이라고 불렀던) 조절에 도움이 된다고 해서 널리 유행하다가 혈당강하제나 뇌전증 치료제가 도입되면서 잊혔다가 체중 감량 효과가 나타나면서 최근에 다시 유행하고 있다.

일반적인 키토 식단은 총칼로리에서 탄수화물을 5% 정도로 제한하고, 단백질을 20% 정도, 나머지는 지방으로 섭취하도록 한다. 키토 식단에서 먹어도 되는 음식과 제한하는 음식은 다음과 같다.

먹어야 하는 음식	먹으면 안 되는 음식
• 저지방, 무지방이 아닌 유제품 • 육류(소, 돼지, 닭, 오리 등) • 전분이 없는 채소 • 견과류와 씨앗 • 아보카도 • 올리브 • 달걀	• 곡물(밥, 면, 빵) • 오트밀, 퀴노아 • 옥수수 또는 밀가루 또띠아 • 전분이 있는 채소 • 감자 • 콩 • 파스타 • 과일

잠재적인 부작용으로는, 피로감, 집중력 저하, 배고픔, 수면장애, 근육통, 변비 등이 있다. 특징적으로는 케토 플루라는 것이 있는데, 이것은 이 식단을 시작하고 며칠 지나서 발생하는 감기몸살과 비슷한 증상을 말한다. 식단을 시작하고 며칠 뒤에 발생할 수 있고, 보통 1주일, 심하면 1달까지 계속될 수 있다. 두통이나 집중력 저하, 브레인 포그, 짜증이나 피로, 구역질 등의 증상이 나타날 수 있으며, 물을 충분히 마시면서 필요한 경우 미네랄 등을 보충하고 무리한 운동을 피하는 것이 케토 플루를 빨리 이겨내는 데 도움이 된다.

저탄고지에서 주의해야 할 또 한 가지는 최종 당산화물이다. 최종 당산화물은 단백질이나 지방 혹은 핵산에 당분이 결합하는 것이다. 대표적인 것이 앞서 언급했던 당화혈색소이다. 적혈구에 있는 혈색소와 당분이 결합한 것인데, 이 과정에서 혈색소는 정상적인 산소 운반 기능을 상실한다. 마찬가지로 많은 단백질이 정상적인 기능을 상실할 수 있다. 저탄고지 다이어트 과정에서는 메틸글리옥살이라는 최종 당산화물이 만들어지는데, 이는 노화의 주범일 뿐 아니라 당뇨병, 동맥경화 등의 만성질환을 포함해 각종 질병을 초래할 수 있다. 저탄고지를 하게 되면 1주 후 메틸글리옥살이 3.5배까지 증가하고, 2주가 지나면 7.6배까지 증가한다. 그런 이유로 저탄고지를 길게 하는 경우라면 정기적으로 병원에서 다른 문제들이 발생하는지 확인해보길 권한다. 일반적으로 고지혈증은 음식과 무관한 것으로 알려졌지만 극단적으로 저탄고지를 유지하는 경우에는 체지방이 적고 날씬한 외모와는 반대로 나쁜 콜레스테롤이 매우 높은 경우가 종종 있다.

비만에 도움이 될 수도 있는 영양제는?

우리나라 건강기능식품의 원료는 고시형 기능성 원료와 개별 인정형 원료가 있다. 고시형 기능성 원료는 '건강기능식품공전'에 고시된 원료로 별도의 인정 절차 없이 신고만 하면 제품을 만들 수 있다. 개별 인정형 원료의 경우 '건강기능식품공전'에 등재되지 않은 원료로 식품의약품안전처장의 심사를 거쳐 인정받은 원료를 의미한다. 이때 영업자는 안전성이나 기능성과 같은 자료를 제출하여 인정받고, 이 경우에는 인정받은 업체만이 원료를 제조 또는 판매할 수 있다.

가령 A 회사가 '건강기능식품공전'에 없는 B라는 물질로 건강기능식품을 만들기 위해 자료를 제출하고 식약처의 인정을 받게 되면 A 회사만 B를 이용한 제품을 만들 수 있다. 다만 기능성 원료로 인정받은 날로부터 6년이 지나고, 품목 제조 신고가 50건 이상이면 고시형 원료로 전환되어 모든 회사가 사용할 수 있게 된다. 개별 인정형 원료는 새로 개발되어 이제 막 알려지기 시작하는 원료라면, 고시형 원료는 근거가 충분하거나 오랜 경험으로 효과와 안전성이 어느 정도 확보된 원료라고 볼 수 있는데, 사실 이런 자료들은 판매업자들이 제시하는 것이므로 객관성에 대해서는 다소 의심의 여지가 있다.

원료들의 기능성은 1) 영양소 기능, 2) 질병 발생 위험 감소 기능, 3) 생리활성 기능의 세 가지로 분류된다. 비타민이나 미네랄은 영양소의 기능을 하고, 칼슘과 비타민D는 골다공증의 발생 위험을 감소하는 질병 발생 위험 감소의 기능이 있다. 생리활성 기능은 기억력, 인지기능, 눈 건강 등 30여 가지 항목이 정해져 있고, 각각에 도움이 되는 것들을 말한다. 생리활성 기능은 원래 등급이 있어서, 생리활성 1등급은 도움을 줌, 2등급은 도움을 줄 수 있음. 3등급은 도움을 줄 수 있으나 관련 인체 적용 시험 미흡에 해당하여 2016년에 이 제도를 폐지했다. 사실 2등급은 도움을 줄 수 있지만 안 줄 수도 있어서 효과가 완전히 입증되었다고 보기 어려운데 제조사와 판매사들이 식약처에서 생리활성 기능 2등급에 해당하는 효과를 인정해준 것처럼 광고해 혼란을 초래하는 부분이 있다. 등급제가 폐지되면서 인체 적용 시험이 미흡한 3등급은 제외했고, 2등급 이상을 생리활성 기능이 있는 것으로 인정했다.

생리활성 기능 분야 중 비만과 관련이 있는 것은 '체지방 감소' 기능으로, 그중 고시원료는 가르시니아 캄보지아 껍질 추출물, 공액 리놀렌산(유리지방산), 공액 리놀렌산(트리글리세라이드), 녹차 추출물 4가지이다. 지금부터 하나씩 알아보자.

가르시니아 캄보지아 껍질 추출물의 주요 성분은 HCA이다. HCA는 가르시니아 열매껍질, 히비스커스 꽃 등에서 발견된다. 이론적으로 세포 내에서 구연산이 지방산 합성의 재료가 되는 과정을 차단해 체지방 증가를 억제할 것으로 생각했다. 그런데 과체중에 해당하는 남녀 135명을 대상으로 가짜 약과 가르시니아 캄보지아 추출물을 무작위로 할당해 12주간 복용하도록 한 연구에서는 가르시니아 캄보지아 추출물을 복용한 그룹에 비해 가짜 약을 먹은 그룹에서 체중이 더 많이 줄었을 뿐 아니라 체지방 감소도 두 그룹에서 차이가 없었다. 더 많은 연구 자료 들을 모아서 분석한 연구에서도 마찬가지였다. 가르시니아 캄보지아 추출물을 이용한 9건의 임상시험 데이터를 분석한 결과 체중 감량 효과는 0.9kg 정도였지만 통계적 유의성은 없었다. 문제는 위장관계 부작용은 2배 더 많이 발생했다는 점이다. 따라서 크론병이나 궤양성 대장염과 같은 염증성 장 질환이나 대장염이 있는 경우에는 가르시니아 캄보지아 추출물은 복용하지 않는 것이 좋다.

2016년에는 간이 망가지는 사례가 보고되면서 HCA가 포함된 제품인 하이드록시컷이라는 제품이 FDA에 의해 퇴출당하였다. HCA가 원인이었는지는 정확한 확인이 어렵지만, 그 환자는 간이 심각하게 손상되어 간이식을 받아야 했다. 가르시니아 캄보지아 추출물이 고시형 원료이기 때문에 이를 포함하고 있는 다이어트 제품을 먹는 경우가 적지 않으며 복통이 동반되는 경우도 많다. 대부분 이런 제품에는 운동과 병행해야 효과가 크다고 적혀있는데, 개인적으로는 그냥 운동만 해도 효과가 비슷할 것으로 생각된다.

그다음은 공액 리놀레산(CLA)이다. 리놀레산은 식물성 기름에 풍부한 오메가-6 지방산이다. 공액은 단일결합 주위에 다중결합이 있는 형태를 말한다. 공액 리놀레산은 리놀레산의 이성질체로 다중결합을 한다. 비슷한데 조금 다르다는 의미로 이해하고 넘어가도 충분하다. 리놀레산은 식물성 기름에 풍부하지만, 공액 리놀레산은 풀을 먹고 자란 소에서 많이 발견된다. 주로 반추동물들의 고기나 유제품에 풍부하다. 곡물 사료를 먹은 소에 비해서 풀을 먹고 자란 소에서 공액 리놀레산 함량이 3~5배 더 높다. 대부분 보충제로 나오는 공액 리놀레산은 홍화씨유를 이용해 합성한 것으로 자연계에서 저절로 만들어지는 공액 리놀레산과 차이가 있다. 7건의 연구 데이터들을 모아서 분석한 결과 장기간 사용시 의미 있는 체지방 감소 효과가 나타나지 않았다. 더불어 몇몇 연구에서는 오히려 지방간이나 인슐린 저항성, 활성산소 등을 증가시키는 것으로 나타나기도 했다. 공액 리놀레산에 대한 광범위한 합의는 없지만, 자연에서 저절로 만들어지는 소고기나 유제품에 있는 음식의 공액 리놀레산은 긍정적인 부분이 많지만 보충제로 먹을 경우에는 주의가 필요하다는 의견이 많다.

녹차 추출물의 경우 평균 체중이 73kg인 그룹에서 12주간 시행한 어느 연구에서, 체중이 1.7kg, 체지방이 2.3kg, 내장 지방 면적이 약 $10cm^2$ 감소하는 것으로 나타났다. 녹차 추출물의 경우에는 교감신경을 활성화해 체지방 분해를 증가시키는 것으로 알려져 있다. 녹차 추출물에서 주로 활성을 나타내는 성분은 카테킨이지만 카페인이 함유되어 있어서 초조함이나 불면증을 나타낼 수 있어 주의가 필요하다.

그 외에 체중감소 효과가 있다고 홍보하는 것들도 실상은 우리의 기대에 비해 체중 감량 효과가 별로 크지 않다. 요즘 유행하는 소위 '날씬 균'이라고 하는 것들도 앞서 언급한 포만감을 주는 신호를 유발해 식사를 멈추게 하기도 하고, 당분의 흡수를 방해하기도 하지만 전체적인 효과는 1kg 전후로 크지 않다.

한 가지 영양소나 식품, 혹은 한 가지 생활 습관 개선만으로 복잡한 비만을 해결하기는 쉽지 않다. 다양한 원인에 의해서 체지방이 증가하기 때문에 되도록 원인을 찾아 그에 맞는 해결책을 수립하는 것이 좋겠다. 우리가 수술로 위를 호두만큼 작게 만들어서 당뇨병을 치료하고, 심혈관계 위험을 낮출 수는 있지만, 그것은 결과에 대한 치료이고, 원인을 교정한 것은 아니므로, 단기간의 성과는 뛰어나도 시간이 지나면 원래 체중 혹은 그 이상으로 체중이 증가하는 경우도 많다. 그런 것들이 교정되지 않는 이상 특정 영양소만으로 효과를 기대하기란 어렵다. 또한, 건강기능식품이기 때문에 부작용이 없을 것이라는 생각도 버려야 한다.

마음 챙김 식사법

마음 챙김은 현재의 순간에 집중하는 것을 의미합니다. 판단하지 않고, 느낌, 생각, 감각 등을 조용히 받아들이는 거예요.

- 먹기 전에 숨을 들이마시고 자신에게 다음과 같이 묻는다. '나는 정말 배가 고픈가?'
- 하루 중 한 끼는 마음 챙김을 연습하면서 먹는다. 천천히, 자각하면서 먹는 데 집중한다. 다른 일(TV 시청, 책 읽기, 전화통화 등)은 하지 않는다.
- 타이머를 20분에 맞춰 놓고 이 시간 동안 온전히 식사에만 집중한다.
- 5분 동안 침묵 속에서 먹는다. 이때 이 음식이 어디서 왔는지 숙고하면서, 태양과 물, 공기, 농부, 상인, 요리사에게 고마움을 느낀다.
- 마음의 속도를 늦춰 본다. 잘 사용하지 않는 손으로 먹는 연습을 해본다. (오른손잡이라면 왼손으로 식사하기)

루시 이안. 왜 밥을 먹다 말아?

이안 오키나와 다이어트라고 들어보셨습니까? 세계 최고의 장수마을 오키나와. 복팔분이라는 원칙이 있다고 하더라구요. 배가 80% 정도 차면 숟가락을 내려놓으라는 뜻이랍니다.

루시 배가 80% 찰 때까지만 먹는 소식을 하면 의사가 필요 없어진다는 일본 속담 말이지? 그러다 굶어 죽겠는걸?

이안 아버지에게 들었는데, 1996년에 세계보건기구가 오키나와의 오오기미 마을을 세계 제일의 장수마을로 인정하면서 오키나와 사람처럼 먹는 오키나와 다이어트라는 것도 유행했다고 하더라고요.

루시 그렇지. 그런데 다 옛날얘기야. 지금 오키나와는 일본에서 가장 단명하는 지역이니까.

이안 네? 왜요?

루시 패전 후에 미군이 오키나와에 주둔하기 시작하면서 미국식 식재료가 현지 음식과 결합하게 돼. 우리나라의 부대찌개처럼. 멕시코 음식 타코를 밥이랑 먹는 타코 라이스라든지 계란과 큼지막한 스팸이 올라간 일본식 주먹밥인 포크다마고 오니기리처럼. 젊은 시절 오키나와식 식사를 해온 80대들은 여전히 기대수명이 일본 최고 수준이지만, 50대와 60대는 거의 일본에서 최하위 수준이라고 해.

이안 놀랍네요. 불과 몇 년 사이에…. 지금 찾아보니 오키나와 남성의 40% 이상이 비만이네요.

루시 결국은, 유전적인 부분보다는 환경이 건강에 미치는 영향이 훨씬 크다는 의미지.

이안 그러게요. 오키나와 사람들은 건강 유전자를 가지고 태어나서 대대로 건강한 줄 알았더니, 그게 아니었네요.

루시 아 참! 김 박사님이 지시한 '마음 챙김 식사법'은 찾아봤어? 이번 대한비만학회 비만 진료 지침에 있을 거야. 내용 정리해서 308호실 리키 씨에게 알려드려.

이안 네.(자기가 좀 하지.)

슬기로운

환자생활

CHAPTER

5

중간 정리

개선하기 위해서는 변해야 한다.

완벽해지기 위해서는 자주 변해야 한다.

- 윈스턴 처칠 -

7가지

이제 마지막 검진 결과지를 펼쳐보자. 나는 얼마큼 건강한지 알아보기로 한다. 미국 심장학회는 라이프스 심플 7(Life's Simple 7, 인생에서 간단한 7가지)이라는 것을 발표했다. 이후에 수면 관련 사항을 추가해 라이프스 에센셜 8(Life's Essential 8, 인생에서 필수적인 8가지)이라는 게 나왔는데 식사와 관련된 점수가 우리나라 실정에는 잘 맞지 않아서 라이프스 심플 7을 기준으로 맞춰 보기로 한다.

라이프스 심플 7의 7가지는 정말 단순하다. 복잡한 검사가 필요 없는 것들로, 4가지 생활 습관(금연, 식사, 운동, 체중)과 3가지 위험 요인(혈압, 콜레스테롤, 혈당)으로 구성된다.

1. 금연

2. 건강한 식사

3. 운동

4. 체중

5. 혈압

6. 콜레스테롤

7. 혈당

이것저것 많지만, 이렇게 딱 7가지만이라도 잘 해보자는 의미다. 각각의 항목을 기준에 따라 0, 1, 2로 점수를 매긴다. 7가지이므로 최고점은 14점이고, 모두 0점인 경우에는 최저점인 0점이 된다. 각 항목의 기준에 대해 알아보자.

1) 흡연

한 번도 담배를 피운 적이 없거나 금연한 지 1년 이상 지난 경우	2점
금연했지만, 1년이 안 된 경우	1점
흡연 중인 경우	0점

2) 건강한 식사

▪ 과일과 채소를 하루에 4.5컵 이상 먹는다. ▪ 1주일에 2번 이상 생선 100g을 먹는다. ▪ 하루 3번 섬유질이 풍부한 통곡물 30g을 먹는다. ▪ 나트륨은 하루 1.5g 미만으로 먹는다. ▪ 당분이 들어간 음료수는 1주일에 450kcal 이하로 먹는다.

이렇게 5가지 중에서 4~5개가 해당하면 2점, 2~3개가 해당하면 1점, 0~1개가 해당하면 0점.

3) 운동

중등도 이상의 신체활동을 1주일에 150분 이상 하는 경우	2점
중등도 이상의 신체활동을 1주일에 1~149분 동안 하는 경우	1점
어떤 신체활동도 하지 않는 경우	0점

운동 강도와 관련해서는 고혈압의 생활 습관 요법 부분을 참조하자.

4) 체중

체중은 체질량지수를 이용해 비만에 해당하는지를 확인한다.

체질량지수가 25kg/m² 미만이면	2점
체질량지수가 25~30kg/m²이면	1점
체질량지수가 30kg/m² 이상이면	0점

우리나라의 경우 비만의 기준이 좀 다르긴 하지만, 우선은 미국 심장학회의 기준을 그대로 적용하기로 한다.

5) 혈압

혈압약을 복용하지 않으면서 혈압이 120/80mmHg 미만인 경우	2점
혈압약을 복용하지 않고 140/90mmHg 미만이거나 혈압약을 복용하면서 적절하게 혈압이 조절되는 경우	1점
140/90mmHg 이상인 경우 (140과 90, 둘 중의 하나라도 해당하는 경우)	0점

고혈압으로 약을 복용 중이면서 잘 조절되는 경우는 1점, 약물치료 여부와 상관없이 140/90mmHg 이상인 경우에는 0점이다.

6) 콜레스테롤

여기에서는 나쁜 콜레스테롤이 아니라 총콜레스테롤을 기준으로 한다.

총콜레스테롤이 200mg/dL 미만인 경우	2점
200~239mg/dL인 경우	1점
240mg/dL 이상인 경우	0점

7) 혈당

당뇨병약을 먹지 않으면서 공복 혈당이 100mg/dL 미만인 경우	2점
공복 혈당이 100~125mg/dL이거나 당뇨병약을 먹으면서 혈당이 잘 조절되는 경우	1점
공복 혈당이 126mg/dL 이상인 경우	0점

여기서 혈당은 집에서 측정한 것이 아니고 병원에서 검사한 것을 의미한다. 집에서 측정한 값과 병원에서 측정한 값의 오차에 대해서는 앞부분에서 언급한 바 있다.

미국 심장학회가 질병의 진단 기준이 아닌 이런 점수표를 만든 이유는 선제적인 예방의 효과 때문이다. 위험 요인이 있는 경우에는 나이에 상관없이 평생 심혈관질환이나 뇌졸중에 대한 위험도가 증가하는데, 각 위험 요인들은 정도에 따라 연속적, 단계적으로 심혈관질환 발생에 영향을 주며, 증상이 나타나기 훨씬 이전부터 위험 요인이 선행하기 때문에, 조기에 관리를 시작해 위험 요인을 조절하는 것이 심혈관질환이나 뇌졸중 발생을 피할 수 있는 최선이라고 생각했기 때문이다. 더불어 개인이 아닌 인구 집단 정도의 규모에서 생활 습관 개선을 통해 건강을 증진하고, 개인에 대해서는 위험 요인을 개별적으로 관리하기 위해서 이런 개념을 도입했다.

이제 점수를 모두 더해 보자. 다 더해서 10점이 넘는다면 '이상적'으로 분류되며 심혈관질환과 관련해서 매우 건강하다고 할 수 있다. 5~9점은 '보통'이고, 0~4점은 '불량'으로 분류된다. '이상적'으로 분류된 그룹에서의 심혈관질환 발생 위험은 약 16.6%로 알려져 있으며, 전체 평균인 27%에 비해 절반 정도 수준이다. '불량'인 그룹에서는 심혈관질환 발생 위험이 43%로 '이상적'에 비해 거의 3배 가까이 높으며, 전체 평균인 27%에 비해서도 70% 정도 더 높다.

중국에서 시행했던 연구 결과도 비슷하다. 10만 명의 데이터를 분석한 이 연구에서 '이상적', '보통', '불량'으로 그룹을 나누었을 때, 더 좋은 그룹으로 이동할 때마다 심혈관질환 사건 발생이 47%씩 감소하는 것으로 나타났다. 점수가 1점 상승할 때마다 심혈관질환 사건 발생은 18%씩 감소하는 것으로 나타났다. 매년 날짜와 점수를 기록하면서 비교해보자.

__________의 라이프스 심플 7 점수

금연							
건강한 식사							
운동							
체중							
혈압							
콜레스테롤							
혈당							
총점							

〈총점〉

10~14점 : 이상적

5~9점 : 보통

0~4점 : 불량

이안 주말 잘 보내셨습니까?

루시 주말에 등산을 좀 했더니 너무 피곤한데.

이안 운동은 꾸준히 하셔야죠. 30분씩 주 5회 이상이요.

루시 뭐, 그걸 알긴 하지만. 그게 어디 쉽나? 맨날 김 박사님이 이거저거 시키셔서, 집에 가서도 쉴 틈이 없어. 그러는 너는 평소에 운동 좀 하니?

이안 저는 매일 하죠. 숨쉬기 운동이요.

루시 그런 걸 1 신진대사 해당치라고 해.

이안 그게 뭔데요? (얘는 왜 이렇게 많이 알아?)

루시 아무것도 안 하고 가만히 쉬고 있을 때 사용하는 에너지의 양이야. 걷기는 3 신진대사 해당치로 가만히 쉬고 있을 때보다 3배나 많은 에너지를 사용한다는 의미지.

축구는 10, 농구는 8, 등산은 7, 그리고 달리기는 8~9 정도에 해당해. 보통은 걷기에 해당하는 3 이하면 가벼운 운동, 3~6이면 중간 정도 운동, 그리고 6이 넘어가면 보통 고강도 운동으로 봐. 주말만이라도 고강도 운동을 해보면 어때?

이안 일주일에 고작 주말 이틀 쉬는데, 그날마저 힘들게 보내고 싶지 않아요. 게다가 5번 이상 운동하라고 하는데, 고작 하루 이틀 운동하는 게 무슨 도움이 되겠어요.

루시 잉글랜드와 스코틀랜드의 건강 조사 데이터를 분석한 연구가 있었는데, 1994년부터 2012년까지 거의 20년간 약 6만 4천 명의 데이터를 모아서 분석했어.

운동을 안 하는 그룹, 1주일 동안 중간강도 150분 또는 고강도 75분을 기준으로 해서, 이걸 충족시키지 못하는 운동 부족 그룹하고, 이 기준을 충족하면서 일주일에 3번 이상 운동하는 그룹하고, 일주일에 1~2번 정도 운동하는 그룹. 이렇게 4개의 그룹을 비교했어.

이안 40세부터 데이터를 수집했으면 환갑이 지났겠네요. 결과는요?

루시 주말에 몰아서 운동하는 사람들을 '위크앤드 워리어'라고 하는데, 사망률, 심혈관질환 발생률, 암 발생률을 사실 운동을 안 하는 그룹과 비교했을 때, 전체적으로 규칙적인 운동 그룹이 가장 좋긴 했는데, '위크앤드 워리어' 그룹과는 큰 차이는 없었어.

이안 네? 의외네요.

루시 물론 조금 더 좋긴 했지만.

	사망률	심혈관질환 발생률	암 발생률
운동을 안 하는 그룹	(기준)	(기준)	(기준)
운동 부족 그룹	31% 감소	37% 감소	14% 감소
위크앤드 워리어	30% 감소	40% 감소	18% 감소
규칙적인 운동 그룹	35% 감소	41% 감소	21% 감소

최선이 아니라면 차선이라고…, 일주일에 5번 이상 하면 가장 좋겠지만, 그게 어렵다면 주말이라도 운동을 해보는 게 좋다는 말씀이지.

이안 당장 308호 리키 씨에게 알려줘야겠네요.

루시 아니, 리키 씨 말고…. 너 말이야. 운동 좀 하라고….

슬기로운

환자생활

CHAPTER

6

골다공증

골다공증은 노인이 되면 나타나는 소아 질환이다.

그러므로 언제든 예방에 관해 이야기한다고 해도 절대 이르지 않다.

- 파일 사니 -

골다공증이란?

골다공증은 골밀도나 골량이 감소하거나 뼈의 구조나 강도가 변하면서 발생하는 뼈의 질병으로 골절의 위험을 높일 수 있다. 깨지기 쉬운 유리컵에 비유할 수 있는데, 충격으로 깨지기 전까지는 약한지 튼튼한지 알 수 없다. 키가 줄거나 꼬부랑 할머니처럼 허리가 굽으면 골다공증을 의심해 볼 수 있다. 특히 키가 4cm 이상 감소하면 골다공증에 의한 척추 골절이라 볼 수 있다. 이때는 모르고 지나간 경우일 수도 있으니 확인이 필요하다. 하지만 일반적으로 골다공증은 증상이 없어서 모르고 지내는 경우가 많다. 그래서 소리 없는 도둑이라고도 한다. 척추 골절의 2/3는 언제 발생했는지도 모르고 지나가는 경우가 많다. 최근에는 건강 검진을 통해서 우연히 발견되고 치료를 시작하는 일도 종종 있다.

증상이 없지만, 문제가 되는 이유는 골절 위험이 증가하기 때문이다. 부실 공사로 지어진 건물이 작은 충격에 무너지는 것처럼, 골다공증이 있으면 작은 충격에도 골절의 위험이 증가한다. 주로 잘 부러지는 곳은 손목, 대퇴골(허벅지), 척추 등이며 중년 여성은 앞으로 넘어질 때 손을 짚으면 손목 골절이, 뒤로 넘어져 엉덩방아를 찧으면 대퇴부 골절도 잘 발생한다. 척추 골절은 앞으로 몸을 구부릴 때 잘 발생하는데, 뼈가 약한 경우에는 재채기하느라 갑자기 몸을 앞으로 숙이면서도 척추 골절이 발생할 수 있다. 갑자기 기침이 나올 것 같으면 가슴에 손을 대고 앞으로 쏠리지 않게 지지해주는 것이 좋다.

척추 골절이 발생하면 키가 줄어 꼬부랑 할머니처럼 될 수 있다. 척추 골절의 5명 중 1명은 1년 이내에 또 다른 척추 골절이 발생할 수 있다. 골다공증에 의해 대퇴 골절이 발생한 환자의 50%에서는 골절이 발생하기 이전의 기동력과 독립성을 회복할 수 없다. 25%에서는 장기간 요양기관이나 집에서 보호가 필요하며, 1년 사망률은 20%에나 이른다. 여성이 대퇴 골절로 사망할 위험은 2.8%로 유방암으로 인한 사망률과 같다. 다른 점은 골다공증 혹은 그 전 단계부터 적극적으로 치료하면 발생 위험을 많이 줄일 수 있는 점이다.

골밀도 – 골 형성과 골 흡수

테세우스는 괴물인 미노타우로스를 죽이고 아테네의 젊은이들을 구해서 돌아온다. 플루타르코스 영웅전의 테세우스 편에는 아테네인들이 그가 타고 온 배를 수 세기 동안 유지 보수하면서 간직했다고 한다. 부식된 부분을 뜯어내고 튼튼한 새 목재를 덧대어 붙이기를 반복하자 수 세기 후에는 모든 부분이 바뀌면서 철학자들 사이에서는 '자라나는 것들에 대한 논리학적 질문'의 예가 되었는데, 어떤 이들은 배가 그대로 남았다고 하고, 어떤 이들은 배가 다른 것이 되었다고 주장했다. 그런데 부식된 부분이 점점 많아지는데 수리하는 속도가 부식되는 속도보다 느리다면 어떻게 될까?

뼈가 만들어지는 과정을 골 형성이라고 하고, 뼈가 파괴되는 과정을 골 흡수라고 한다. 테세우스의 배를 수리하는 것처럼 뼈에서도 같은 일이 발생한다. 뼈가 파괴되어 흡수되고 새로운 뼈로 교체되는 과정을 골재 형성 또는 뼈의 리모델링이라고 한다. 낡은 집을 수리하는 리모델링을 생각하면 더 쉽게 이해될 수 있다. 골재 형성은 3~4주에 걸친 골 흡수로 시작되어 수개월 진행되는 골 형성으로 마무리되는 과정이다. 이런 과정을 통해 일반적으로 성인은 1년에 10% 정도의 뼈가 새로운 뼈로 교체되기 때문에, 10년이 지나면 우리의 뼈가 완전히 새것으로 교체되는 셈이다.

이런 골재 형성 과정에서 골 형성이 이뤄지지 않으면 뼈가 만들어지지 않아 골밀도가 감소하고 뼈가 약해질 것이다. 또한, 골 흡수가 빠르게 이뤄져도 뼈가 계속 파괴되어 골밀도는 감소하고 뼈는 약해질 것이다. 골 흡수가 느리게 이뤄지면? 골밀도는 어느 정도 유지될 수 있지만, 부식된 부위를 교체하지 않은 테세우스의 배처럼 되어서 골질이 떨어져 문제가 될 수도 있다. 따라서 적절하게 골 형성과 골 흡수가 이뤄져야 한다.

처음에는 골 형성이 더 우세하다. 일생에서 가장 뼈가 많을 때의 양을 최대골량이라고 한다. 이후 서서히 골량이 감소하는데 어떤 사람은 골다공증을 노인이 되어서 증상이 나타나는 소아 질환이라고 말했다. 과장된 면이 있지만, 완전히 틀린 말도 아니다. 최대골량이 높으면 높을수록 골다공증이 발생하는 시기가 늦어지기 때문이다. 어린 시절의 생활 습관에 따라 최대골량에 차이가 난다. 여름에 열심히 일한 개미가 겨울을 따뜻하게 보내는 것처럼, 어린 시절부터 뼈를 튼튼하게 하기 위한 노력을 하면 노년기에 골다공증을 예방할 수 있다.

골다공증의 진단

골량이 적고 골조직의 미세 구조가 악화되어 뼈의 취약성이 증가해 골절 위험이 커지는 것이 골다공증이지만, 현장에서는 이런 것들을 알기 어렵고, 골밀도가 낮을수록 골절 위험이 증가하는 연관성을 보이기 때문에 골밀도의 측정이 골절 위험 평가에 효과적이다. 골밀도는 정규분포하는 특성이 있어 개인의 골밀도를 기준 그룹에 대한 표준편차로 표현할 수 있는 장점이 있다. 젊고 건강한 인구 집단을 기준으로 한 표준편차를 T 점수로 표현해 골밀도를 나타내고 이 수치를 진단의 기준으로 사용한다.

일반적으로 척추골이나 대퇴골 등의 T 점수가 −2.5 이하인 경우, 골밀도와 상관없이 약한 충격으로 척추나 대퇴골에 골절이 생긴 경우, T 점수가 -1.0~-2.5이면서 허약 골절이 동반된 경우, 혹은 T 점수가 -1.0~-2.5이면서 골절 위험이 큰 경우를 골다공증으로 정의한다. 높은 골절 위험은 10년 내 주요 골다공증성 골절 위험이 20%, 대퇴골 골절 위험이 3%를 넘는 경우를 의미한다.

허약 골절이란 서 있는 높이나 그보다 낮은 위치에서 넘어질 때 발생하는 골절이다. 낙상이나 외상없이 저절로 뼈가 부러진다거나, 얼음판에서 넘어지면서 발생한 골절이나 의자에 앉거나, 침대에서 떨어지면서 발생한 골절, 혹은 기침하다가 발생하는 골절 등이 허약 골절에 해당한다. 허약 골절이 발생하면 다른 부위에 또 허약 골절이 발생할 위험이 2~5배 정도 높아지기 때문에 예방이 중요하다.

골다공증성 골절은 작은 충격으로 발생하는 골절로 살짝 넘어지거나, 허리를 숙이거나 구부리는 일상적인 활동으로 발생할 수 있다. 주요 골다공증성 골절은 척추, 손목, 대퇴골, 어깨 등에 발생하는 골다공증성 골절을 의미한다.

폐경 이전의 여성, 50세 미만의 남성에서는 T 점수가 아니라 Z 점수를 사용한다. T 점수가 젊고 건강한 사람의 평균을 기준으로 하므로 젊은 나이에서는 차이가 크지 않을 수 있어, 동년배의 평균을 기준으로 평가하는데, 이 점수를 Z 점수라고 한다. 그리고 Z 점수가 −2.0 이하면 골다공증이라고 하지 않고 나이 대비 골밀도가 낮다고 진단한다. 사실 젊은 나이에는 골밀도 검사를 잘 시행하지 않지만, 저체중이 심하거나 스테로이드나 뇌전증 치료에 사용되는 항경련제 등과 같이 골다공증을 유발할 수 있는 약물을 장기간 사용한 경우, 혹은 만성 알코올 중독 등의 경우에 나이가 어려도 검사를 시행할 수 있으며, 이런 경우 Z 점수를 기준으로 평가한다.

골감소증이란?

당뇨병이나 고혈압의 경우에 전 단계를 두는 것처럼, 골다공증에도 비슷한 개념이 있다. 하지만 골다공증 전 단계라는 표현 대신 골감소증이라고 한다. 골밀도 검사에서 T 점수가 －1~－2.5인 경우 골감소증으로 정의한다. 골밀도 검사 결과로도 정상과 골다공증 사이에 해당한다. 폐경 여성 또는 50세 이상의 남성은 T 점수 결과에 따라 다음과 같이 분류할 수 있다.

T 점수를 기준으로	
−1.0 이상	정상
−1.0~−2.5	골감소증
−2.5 이하	골다공증
−2.5 이하이면서 허약 골절	중증 골다공증

폐경 여성을 대상으로 한 연구에서 1년간 골절 위험을 관찰한 결과 골다공증인 사람의 골절 위험은 정상보다 2.74배로 높았지만, 골감소증에서의 골절 위험도 1.73배로 높게 나타났기 때문에 골감소증에서도 적극적인 관리가 필요하다. 골절 발생률은 골다공증에서 더 높게 나타나긴 했지만, 골감소증 환자의 비율이 더 높기 때문에 실제 골절의 발생 건수는 골감소증 환자에게서 더 많으며, 허약 골절의 80% 이상이 골감소증 여성에서 발생하는 것으로 알려져 있다.

골절 위험도가 높고, 골절도 잘 발생하지만 50세 이상 인구의 거의 절반이 골감소증에 해당하므로 모두 치료하는 것도 현실적인 문제가 있다. 그래서 골절 발생 위험을 고려해 치료 계획을 세운다.

골감소증의 경우에도 수치만으로 골절 위험도를 알 수는 없어서 수치만으로 골절 위험도를 평가할 수는 없다. 치료 여부 결정에 활용하려면 나이, 복용 중인 약물이나 골절 병력 등 개인의 임상 정보를 함께 고려해야 한다. 특히 T 점수가 -1.0 미만이면서 70세 이상인 여성, 혹은 80 이상인 남성이거나, 키가 4cm 이상 감소했거나, 이전에 척추 골절이 있었으나 기록이 없거나, 스테로이드를 3개월 이상 사용했던 경우에는 척추 골절 여부를 확인하고, 골절이 있으면 치료를 고려해야 한다. 전체 척추 골절의 90%는 모르고 지나가는 경우가 많은데, 골절이 확인되면 골다공증으로 보고 치료해야 한다. 골다공증 진단 기준 중 약한 충격으로 척추나 대퇴골에 골절이 생긴 경우는 골밀도와 상관없이 골다공증으로 진단할 수 있기 때문이다.

그녀의 골다공증, 그의 골다공증

출생 후 뼈의 양이 점점 늘어 여성은 20대 초반, 남성은 20대 후반에 최대골량에 도달하며, 이후부터 골량이 서서히 감소한다. 여성의 경우 조금 더 빨리 최대골량에 도달하고, 최대골량에 도달한 이후에는 골 형성이 골 흡수를 따라가지 못해 지속해서 골밀도가 감소한다. 30~50세에는 대체로 골량이 유지되며 소량의 감소만 관찰되다가, 여성은 폐경 이후 첫 3년 동안 1년에 4~5%의 골량 감소를 보이고 이후 다시 1~2%의 골량 감소가 나타난다. 폐경 후 10년 동안 여성은 대퇴골과 척추골의 골량이 각각 9%, 10% 감소하는 반면, 남성의 경우에는 50세 이후에도 비교적 일정하게 골량이 감소한다. 폐경 이후 10년간의 빠른 골 소실로 인해 여성의 경우 남성에 비해 이른 시기에 골다공증이 발생한다.

2007~2011년 시행한 국민건강조사 자료에 따르면 50세 이상 인구에서 골다공증 유병률은 22.4%, 골감소증의 유병률은 47.9%로 나타났다. 골감소증은 남녀가 각각 46.8%, 48.9%로 거의 비슷하다. 대략 50세 이상 남녀 두 명 중 한 명은 골감소증에 해당한다고 볼 수 있다. 반면 골다공증의 경우 남녀 차이가 큰 편으로, 남성은 7.5%에서 여성은 37.3%에서 골다공증이 있어 5배의 차이를 보인다. 50세 이상에서 골다공증에 의한 골절의 발생도 여성의 경우 1만 명당 207건으로 64건인 남성에 비해 3배 정도 높게 나타났다. 다만 골절이 발생하게 되면 남성에서 예후가 더 불량했는데, 고관절 골절 후 1년 사망률은 남성이 21%로 여성의 15%보다 더 높게 나타났다.

뼈에는 역시 칼슘

칼슘은 골다공증의 예방과 치료에 필수이다. 현재 국내에서 권장되는 칼슘 섭취량은 하루 800~1000mg으로 음식으로 먹는 칼슘과 칼슘 보충제의 칼슘을 모두 합한 것으로 칼슘 원소량을 기준으로 한다.

보통 칼슘은 탄산칼슘, 구연산 칼슘, 젖산 칼슘 등과 같이 화합물 형태로 존재하는데 일반적으로 칼슘 보충제에서는 이 화합물의 양을 기재하고 있다. 해외 영양제들은 원소량을 표기한다(칼슘염이 아닌 순수하게 칼슘만의 양이 칼슘 원소량이다). 가령 탄산칼슘에는 탄산이 결합하여 있기 때문에 전체 탄산칼슘의 용량에서 40%만이 칼슘의 양이라고 볼 수 있으며, 구연산 칼슘은 20%만이 칼슘의 양이다. 즉, 탄산칼슘 1250mg에는 칼슘이 1250mg이 아니라 40%에 해당하는 500mg의 칼슘이 들어있는 것이고, 구연산 칼슘 600mg에는 24%인 144mg의 칼슘이 들어있는 것이기 때문에 혼동하지 않도록 주의해야 한다. 칼슘염의 종류에 따라 흡수에도 차이가 있는데 구연산 칼슘은 수용성으로 식사와 관계없이 섭취할 수 있으나, 탄산칼슘은 위산 분비가 감소되어 있으면 흡수가 낮아지므로 음식과 함께 복용해야 한다.

또 흡수율을 높이려면 1회 복용량을 500mg 이하로 할 것을 권장하는데, 보통 탄산칼슘 1250mg의 경우 500mg의 칼슘이 포함되어 있으므로 한 번에 두 알 이상을 먹는 것은 좋지 않다. 또 탄산칼슘의 경우 위산이 있어야 흡수가 잘 되기 때문에 식후 복용이 바람직하다.

우리나라 식단은 유제품이 많은 서양에 비해 칼슘이 적은 편으로 하루 섭취량이 470mg이며, 이는 하루 칼슘 섭취량이 800~1000mg을 초과하는 미국이나 유럽 국가들에 비해 크게 부족하다. 골밀도와의 연관성을 비교했을 때도 칼슘 섭취가 부족한 군에서 골밀도 저하가 더 뚜렷하게 나타났다.

음식을 통해서 섭취하는 것이 가장 좋지만, 식사로 충분한 양을 채우기 어렵거나, 골절 위험이 큰 골다공증 환자의 경우에는 칼슘 보충제를 권고한다. 우유나 유제품 섭취가 적은 경우, 짜게 먹는 경우, 지나치게 채식 위주의 식사를 하는 경우, 위암 수술을 했거나 비타민D 결핍증이 있는 경우, 갑상선 기능저하증이 있는 경우, 카페인을 많이 섭취하거나 과음하는 경우 등에는 음식 이외에 별도의 칼슘 보충제를 고려하는 것이 좋다.

하지만 무조건 많다고 좋은 것은 아니다. 일정 수준을 넘어서면 많이 먹어도 추가적인 이득이 없으므로 적정량을 먹는 것이 바람직하다.

음식 성분에 의해서도 칼슘 흡수에 영향을 받을 수 있는데, 녹황색 채소의 옥살산염과 콩류에 들어있는 피트산염 등은 칼슘 흡수를 감소시킨다. 땅콩에 많이 들어있는 인 성분도 칼슘 흡수를 방해한다. 따라서 칼슘이 많은 멸치나 치즈를 땅콩과 먹거나, 칼슘이 많은 두부를 옥살산이 많은 시금치 등과 먹게 되면 칼슘 흡수율이 낮아질 수 있다. 반대로 뼈째 먹는 생선을 비타민C가 풍부한 무조림이나 고추 볶음과 먹으면 흡수율이 높아질 수 있으므로 도움이 된다. 멸치나 뱅어포는 뼈째 먹는 생선으로 칼슘이 많기는 하지만 한 번에 먹을 수 있는 양이 적기 때문에 우유나 유제품으로 칼슘을 보충하는 것이 가장 유리하다.

신장 결석과 관련된 우려들이 있는데, 한 연구에서는 탄산칼슘 1000mg과 비타민D 400IU를 투여한 경우 대조군에 비해 신장 결석 발생률이 17% 증가하는 것으로 나타났다. 하지만 식사를 통한 칼슘 섭취를 늘리는 경우 신결석 위험은 감소하는 것으로 알려졌다. 심혈관질환과 관련된 우려도 있었는데 1일 2,000~2,500mg의 칼슘 섭취는 심혈관질환 위험과 연관이 없는 것으로 나타났으므로 일반적인 용량을 섭취하는 경우에는 크게 우려하지 않아도 된다.

선샤인 비타민, 비타민D

칼슘이 뼈를 이루는 주요 물질이며, 칼슘을 섭취하는 것이 뼈 건강에 매우 중요하다는 것은 이미 알고 있다. 칼슘이 많은 음식을 먹더라도 비타민D가 없으면 흡수할 수 없다. 그래서 비타민D가 부족한 아이들은 뼈가 약해지는 구루병에 걸릴 수도 있다. 구루병은 칼슘과 인의 대사장애로 뼈 발육에 문제가 생기는 병이다.

비타민D는 장에서 칼슘 흡수에 필요할 뿐 아니라 뼈와 근육 기능, 신체 균형 유지에 중요한 역할을 한다. 따라서 적절한 비타민D 보충을 통해 낙상 위험도 줄이고 골절 예방 효과도 기대할 수 있다. 비타민D를 투여하는 경우 낙상 위험도가 20% 이상 감소하는 것으로 알려져 있다.

비타민D를 700~800IU 투여하면 대퇴골과 비척추골의 골절이 각각 26%, 23% 감소했지만, 그 절반인 400IU에서는 골절 예방 효과가 없었다. 비타민D 투여 시 척추 골절의 위험은 37% 감소했다는 연구도 있었다.

비타민D가 부족해지는 몇 가지 원인이 있다. 비타민D는 음식을 통해 섭취하기도 하고, 자외선에 의해 피부에서 만들어지기도 한다. 북쪽으로 갈수록 단위 면적당 자외선의 양이 감소하기 때문에 비타민D의 합성이 감소한다. 북위 35도 이상 지역에는 10월부터 3월 사이에 비타민D 합성에 필요한 수준의 자외선이 지표에 도달하지 못한다. 미국의 경우 북위 37도를 기준으로 그보다 북쪽에 있는 도시에서는 여름 이외에는 피부에서 비타민D를 만들지 못하는 것으로 알려져 있다. 그래서 비타민D 합성이 부족한 겨울에 비타민D 결핍증이 더 잘 발생한다. 이미 20세기 초에 가을보다 겨울이나 이른 봄에 구루병이 더 잘 발생하는 것이 알려졌다. 1년 중 혈중 비타민D의 농도 변화를 보면 1~2월이 가장 낮고, 8~10월이 가장 높다.

피부색도 연관이 있어서 피부색이 짙을수록 자외선이 통과하지 못해 비타민D 결핍이 잘 발생한다. 흑인의 경우 백인과 비교했을 때 비타민D의 농도가 절반 수준이다. 피부색을 숫자로 나눈 피츠패트릭 피부 타입이 있다. 피츠패트릭은 하버드 의대의 교수이자 피부과 전문의로 여러 가지 업적을 남겼다. 그가 남긴 피부 타입의 분류도 그중 하나로 피부색이 창백하고 하얀색이면 타입 I, 색이 짙어질수록 숫자가 올라가서 가장 높은 타입 VI가 되면 피부색은 짙은 갈색이나 검은색에 해당한다. 대부분의 한국 사람은 타입 III 또는 IV에 해당한다.

자외선 지수가 6일 때 햇빛에 노출되면 자외선이 만들어질 수 있는데, 피부 타입에 따라 비타민D 합성에 필요한 시간이 차이가 있다. 타입 I~II의 백인은 10분 전후면 충분하지만, 우리나라 사람처럼 III~IV에 해당하면 20분 전후로 필요하고, 피부색이 가장 진한 VI일 때는 35분이 필요하다. 따라서 같은 지역이라고 하더라도 피부색에 따라 비타민D 결핍 발생 가능성에 차이가 있을 수 있다. 자세나 복장도 차이가 있어서 반소매에 긴바지를 입을 때보다 긴바지를 반바지로 바꾸면 자외선 노출이 50% 증가하고, 상의를 탈의하고 반바지만 입으면 175% 더 노출된다. 자세에 따라서도 다른데, 서 있거나 앉아 있을 때보다 누우면 자외선에 더 많이 노출된다.

피부색이 같고 같은 지역에 살면서 같은 옷을 입더라도 노인이 되면 비타민D를 잘 만들지 못한다. 65세가 되면 20대에 만들었던 비타민D의 1/4밖에 만들지 못하며, 충분한 비타민D를 만들기 위해 시간이 2배나 더 필요하다. 나이가 많지 않더라도 건선, 아토피 피부염 같은 피부질환이 있어도 비타민D 합성을 잘하지 못한다.

자외선 차단제의 경우 SPF 15만 되어도 비타민D 생성이 1%로 감소하는데, 시중에서 판매되는 대부분의 자외선 차단제는 SPF 30~50이므로 자외선 차단제를 사용할 경우 비타민D가 거의 만들어지지 않는다고 볼 수 있다. 비타민D는 소장을 통해 흡수되고 흡수 과정에서 담즙이 필요하므로 담즙이 생성되지 않은 공복에 섭취하거나, 소장에 염증이 있어서 흡수가 잘 안 되거나, 담낭 절제술 등으로 담즙 분비에 문제가 있을 때도 비타민D 결핍이 발생할 수 있다. 이때는 알약 등의 보충제도 흡수에 문제가 있을 수 있으므로 주사제나 액상 형태의 비타민D를 추천한다.

골다공증과 운동

골다공증 환자에서 운동은 근력을 강화하고 균형감각을 증진하는 효과가 있다. 이를 통해 낙상의 위험을 줄일 수 있고, 낙상의 감소는 골절 발생 위험의 감소로 이어질 수 있다.

운동에 따라 골밀도나 골절 위험이 미치는 영향에 차이가 있으므로 본인에게 맞는 운동을 잘 선택하는 것이 좋다. 골밀도 개선 효과가 큰 운동은 뼈에 쿵쿵하는 자극을 주는 운동이다. 3단 뛰기나 높이뛰기처럼 쿵쿵거리면서 뛰는 운동은 관절에 자극을 주어 대퇴골과 척추골의 골밀도를 개선했으며, 3단 뛰기나 높이뛰기처럼 큰 충격을 주는 운동은 아니지만 적당한 충격을 줄 수 있는 라켓 운동이나 축구에서도 대퇴골과 척추골의 골밀도가 모두 개선되는 것으로 나타났다. 다만 수

영이나 자전거 타기와 같은 운동은 뼈에 자극이 적거나 거의 없기 때문에 골밀도 개선 효과가 거의 없다. 하지만 이런 운동도 근력 개선을 통해 낙상 위험을 감소시킬 수 있으므로 이득이 없는 것은 아니다.

쿵쾅거리는 충격을 많이 주는 운동은 골밀도 개선에 도움을 주며 에어로빅, 하이킹, 러닝, 줄넘기, 라켓 운동 등이 주로 여기에 해당한다. 체중이 실리지만 쿵쾅거리는 충격이 적은 운동은 빠르게 걷기, 스테퍼 머신, 일립티컬 머신 등으로 근력 강화에 도움이 된다. 관절이 좋지 않은 경우라면 충격이 더 적은 운동이 바람직하다.

폐경 여성에서 가장 많이 하는 운동인 걷기의 경우 대퇴골 골밀도는 개선되었으나 척추에는 효과가 없었으므로, 골다공증 검사 결과 척추골의 골밀도가 낮았던 경우라면 걷기 이외에 다른 운동을 병행하는 것이 좋다. 에어로빅의 경우에는 척추골과 대퇴골의 골밀도를 모두 개선하는 것으로 나타났다. 지면에 부딪히면서 충격을 주는 운동이 좋기는 한데 문제가 있다. 퇴행성 관절염이나 디스크(추간판 탈출증), 척추 골절 등으로 고령자에게는 관절의 움직임에 제약이 많거나 쿵쾅거리는 운동이 어려운 경우가 많아서 그런 운동을 할 수 없는 경우가 많다. 이 경우 저항성 운동이 도움이 될 수 있다. 저항성 운동이란 근력이나 지구력을 개선하기 위해 신체 또는 밴드나 기구 등의 무게를 활용해 근육의 이완과 수축을 반복하는 운동이다. 이 운동은 뼈를 당기거나 누르거나 뒤틀리는 힘을 가하면서 뼈를 자극하고 근육의 힘이 가해지는 부위에 무기질 등이 쌓일 수 있게 하는 전기 신호를 줄 수 있다. 즉, 골밀도를 개선하고 골 흡수를 억제할 수 있다는 의미다.

하지만 이 경우에도 근육의 힘이 크게 작용하지만, 체중이 실리지 않는 수영과 자전거 타기는 도움이 되지 않을 수 있다. 중요한 것은 꺾이지 않는 마음으로, 이런 저항성 운동을 4개월 정도 지속하면 근력이 20% 증가하지만, 3개월을 쉬면 습득한 근력의 70% 정도는 소실되기 때문이다.

골절 위험을 감소시키기 위해서는 자세 운동도 도움이 된다. 꼬부랑 할머니처럼 허리가 굽을수록 골절의 위험이 증가하므로 어깨가 앞으로 말려서 구부정하거나 거북목이면 자세 교정을 통해 척추 앞쪽에 가해지는 부담을 줄여주는 것이 좋다. 특히 척추 앞부분에 힘이 가해질 수 있는 행동은 골절 위험을 증가할 수 있으므로 주의가 필요하다. 특히 척추골의 골밀도가 낮은 경우라면 윗몸일으키기나 서서 허리를 숙여서 손가락으로 발끝을 치는 운동, 혹은 앞으로 허리를 숙여서 무거운 것을 드는 동작, 혹은 몸통을 과도하게 숙이거나 뒤트는 스트레칭 운동 등은 매우 주의가 필요하다. 심지어 기침이나 재채기도 위험할 수 있어서 이 경우에는 몸이 앞으로 갑자기 숙어지지 않게 손바닥으로 가슴을 반대쪽으로 미는 것이 좋다. 다음은 자세를 개선하기 위한 운동 두 가지를 소개한다.

첫 번째는 코너 스트레칭이라는 운동이다. 벽 모서리를 바라보고 두 팔로 양쪽 벽을 짚는다. 한쪽 발을 앞으로 내밀고 무릎을 구부리면서 가슴과 머리를 코너 쪽으로 밀면서 20~30초 정도 자세를 유지한다. 발을 바꿔서 한 번 더 한다. 한쪽에 2번씩, 주 3회 시행하는 것이 좋다. 이 운동은 어깨와 허리를 펴고, 라운드 숄더를 개선하는 효과가 있다.

두 번째는 헤드 프레스라는 운동인데, 등받이가 있는 의자에 앉아서 허리와 등을 기대고 머리를 최대한 뒤로 민다. 이때 고개를 젖혀서 천장을 보는 것이 아니고 턱이 바닥과 평행을 유지하도록 뒤로 밀어야 한다. 뒤로 밀고 3~4초 정도 유지한 다음 다시 원래 자리로 돌아와서 1~2초 정도 유지한다. 5회를 반복한다. 하루에도 여러 번 할 수 있다. 이 운동은 거북목에 도움이 된다.

낙상을 예방하기 위해서는 '월 슬라이드'라는 운동이 도움이 될 수 있다. 이 운동은 허벅지와 복부, 그리고 등 근육을 강화하며, 라운드 숄더와 거북목에도 도움이 되는 운동인데 어디서나 어렵지 않게 할 수 있다. 우선 벽 앞에 신발 길이만큼 띄워서 선다. 발은 어깨너비로 벌린 다음 정면을 향하게 한다. 엉덩이와 손바닥, 그리고 어깨를 벽에 붙인다. 턱을 약간 당겨서 머리 뒷부분이 최대한 벽에 가깝게 한다. 그리고 배에 힘을 준 상태로 무릎을 굽히면서 등을 밀어 올렸다 내렸다 한다. 이때 무릎은 서 있는 자세와 앉아 있는 자세의 중간 정도까지만 굽힌다. 10번 반복한다. 1주일에 2~3회 실시하는 것이 좋다.

모든 운동이 건강에 도움이 되지만, 뼈 건강을 고려했을 때 나이에 따라 적절한 운동이 있다. 10대 전후에는 쿵쾅거리면서 뼈에 어느 정도 충격을 줄 수 있는 운동이 좋다. 줄넘기가 대표적이다. 이런 운동을 통해 20대에 도달하는 최대골량이 더 많아진다. 초경 전에 테니스를 시작한 선수와 이후에 시작한 선수를 비교했을 때 초경 이전에 시작한 경우에 뼈의 무기질이 2~3배 더 높게 나타났다. 청소년기부터 30~40대까지는 골밀도가 대체로 유지되거나 서서히 감소하기 시작한다. 저항성 운동을 병행하면 근력이 개선되고 근육량이 많아져서 도움이 된다.

각각의 운동이 갖는 장점이 있으므로 운동도 편식하지 않고 골고루 하는 것이 좋다. 하지만 심장이나 관절과 관련된 문제가 있는 경우에는 운동 전에 담당 의사와 상의하는 것이 좋다.

루시 한겨울에 웬 반소매야?

이안 비타민D를 만들려고요. 김 박사님이 회진 때 설명하시는 걸 들었는데, 비타민D가 뼈 건강에도 중요하다고 하셨어요.

루시 아.. 답답하다. 널 어쩌면 좋니.

이안 왜요?

루시 비타민D는 자외선이 필요한데, 우리나라는 겨울에 자외선이 부족해서 팔다리를 아무리 걷어도 비타민D가 만들어지지 않아.

이안 네? 햇빛을 15분만 쬐도 충분한 거 아닙니까?

루시 그건, 적도 근처 바닷가에서 반바지만 입은 백인만 가능할 걸?

이안 선배님. 피부색으로 차별하시는 겁니까?

루시 그게 아니라, 피부색이 짙으면 자외선이 우리 몸에 들어올 수 없어. 너 자외선 지수는 뭔지 아냐?

이안 태양에서 지구 표면에 도달하는 자외선량 아닙니까? 높으면 자외선이 많이 도달하는 것이고, 낮으면 자외선이 조금 도달하는.

루시 자외선 지수가 6~7인 날에는 15~30분 정도 노출되어야 비타민D가 만들어져. 그런데 10월부터 2월 사이에는 자외선 지수가 6인 날이 하루도 없어. 사실상 햇빛으로 비타민D를 만드는 것은 어렵다고 봐야지. 그래서 북쪽으로 갈수록 비타민D를 만드는 게 어려워. 자외선의 양을 기준으로 하면, 북위 35도는 나주, 화순, 순천, 광양, 거제, 하동 등인데 여기서부터 북위 35도인 평택과 충주 사이의 지역에선 3~10월에만 비타민D를 만들 수 있어.

평택이나 충주보다 더 위쪽은 여름에만 가능하고.

이안 아…. 그러면 북극에 사는 에스키모들은 모두 비타민D 결핍이겠네요.

루시 그건 또 달라. 비타민D가 풍부한 대표적인 음식은 생선인데, 생선을 많이 먹어서 비타민D가 부족하진 않아. 신기하지? 그런데 최근에는 에스키모들의 비타민D가 감소한다고 하더라고.

이안 환경오염 때문인가요?

루시 아니. 젊은 사람들이 물고기를 많이 먹지 않는다나 봐.

이안 일단 옷은 긴 팔로 갈아입고. 오늘 저녁부터는 생선을 많이 먹어야겠네요.

루시 그냥 보충제를 먹지그래?

이안　무슨 말씀이세요. 자연에서 온 비타민D를 먹어야죠.

루시　그게 쉽지 않으니까. 1,000 단위의 비타민D를 먹으려면, 계란 노른자는 40개 정도 먹어야 해. 우유로 먹으려면 10컵. 고등어로는 3마리 정도. 그런데 그걸 매일 먹어야 하니까.

이안　버섯에도 많다던데요? 나는 버섯으로 먹어야겠다.

루시　버섯은 매일 4~5kg씩 먹어야 해.

이안　저번에 어머니께서 보내주신 비타민D가 어디 있을 텐데, 그거로 먹어야겠네요.

루시　지금 먹게?

이안　생각났을 때 먹으려고요.

루시　밥 먹고 먹어.

이안　후식으로?

루시　그게 아니고, 기름 묻은 접시를 물로만 헹구면 기름이 닦이지 않는 것처럼. 비타민D는 기름에 녹는 성질이 있어서 그냥은 잘 흡수되지 않아. 세제로 기름기를 녹이는 것처럼 담즙이 나와야 비타민D가 흡수되는데, 담즙은 밥을 먹어야 나오거든. 기름진 음식을 먹어야 담즙이 더 잘 나오고.

이안　그러면 점심시간에 스테이크 시켜 먹어야겠네요.

루시　내 것도 하나 같이 시켜. 나중에 돈 줄게.

이안 네? (뭔 소리. 지난번 꺼도 안 줬으면서….) 아 맞다. 점심 때 어머니께서 잠시 보자고 하셨어요. 비타민D는 다음에 먹어야겠다. 선배님. 회진 준비 때문에 먼저 가볼게요.

슬기로운

환자생활

CHAPTER

7

갱년기

마지막이 처음일 수 있다.

첫 번째 마지막.

– 독일 속담 –

갱년기

영어로 갱년기는 클라이막터릭(climacteric)이라고 한다. 이 말은 그리스어에서 사다리의 발 받침을 뜻하는 말에서 유래했다. 사다리의 발 받침을 하나씩 디딜 때마다 큰 변화가 있기 때문이라고 한다. 갱년기가 되면 큰 변화가 오니까. 그런 의미로 점성술에서도 사용했던 말이라고 한다. 점성술의 시대에는 7년을 주기로 건강, 행운, 재산 등에 큰 변화가 있다고 믿었다. 우리나라로 치면 삼재나 아홉수 같은 것과 비슷하다. 그중 7번째 또는 9번째로 찾아오는 클라이막터릭은 변화가 매우 크다고 해서 그랜드 클라이막터릭이라고 했다.

갱년기는 질병 또는 노화에 의해 난소기능이 감소하면서 폐경과 관련된 신체 및 심리의 변화를 겪는 시기를 의미한다.

한자로 갱년기(更年期)의 갱은 원래 '변경'이나 '경신'에 쓰이는 '고칠 경' 또는 '갱신'이나 '갱생'에 쓰이는 '다시 갱'으로 읽는다. 하지만 갱년기에서는 의미상으로는 '다시'라는 의미보다 '바뀐다', '새로워진다', '고친다'는 의미로 보아야 한다. 장년기를 마치고 노년기로, 몸과 마음이 바뀌는 새로운 시기로 접어드는 것을 의미한다.

폐경은 보통 메노포즈라고 하는데 메노포즈는 한 달을 의미하는 '멘'과 멈춘다는 의미의 '포즈'가 결합하여 만들어진 말이다. 한 달에 한 번씩 하던 생리를 멈춘다는 의미다. 의학적으로는 자연적으로 또는 수술이나 치료 등에 의해 영구적으로 생리가 멈추는 것을 폐경이라고 하며, 그중 다른 요인 없이 연속으로 12개월간 생리가 없으면 자연 폐경이라고 한다. 우리나라 여성의 평균 폐경 나이는 49세로, 평균 수명 80세를 생각하면 최소 30년 이상을 폐경 상태로 살아야 한다.

19세기에 들어서면서 의학 분야에서는 폐경을 의미하는 메노포즈와 갱년기를 의미하는 클라이막터릭을 같은 의미로 사용하기 시작했다. 여성의 경우 생리가 멈추면서 몸과 마음에 큰 변화를 겪게 되니까.

갱년기 증후군

35세 이후 난소의 크기와 임신 능력이 급격히 감소한다. 난포 수가 감소하면서 배란이 안 되기도 하고, 생리 횟수나 양에도 변화가 나타난다. 이렇게 난소의 노화가 시작되는 시점부터 마지막 생리 주기까지 기간을 폐경 이행기라고 하며, 폐경 이행기와 마지막 생리 1년 후까지를 합해 폐경 주변기라고 한다. 폐경 이행기 초반에는 난포기가 짧아지면서 생리 주기가 짧아지지만, 후반에는 60일 이상 생리가 없을 수도 있으며, 이때 안면홍조와 같은 증상을 경험하기도 한다.

일반적으로 폐경 주변기 혹은 폐경을 진단하기 위해 별도의 검사가 필요한 것은 아니다. 안면홍조와 같은 증상이 있으면서 생리가 불규칙해지면 폐경 주변기로, 12개월 이상 생리가 없으면 폐경으로 진단한다. 다만, 난소를 남기고 자궁절제술을 한 경우처럼 난소의 기능이 남아있지만, 생리를 확인할 수 없는 경우 혹은 45세 미만이면서 의심되는 증상이 있는 경우에는 혈액 검사를 통해 확인하기도 한다.

폐경을 전후해 갱년기 증상이 동반되는 경우를 갱년기 증후군이라고 한다. 대표적인 증상으로는 얼굴이 화끈거리는 안면홍조 증상이다. 밤에 덥고 땀이 나는 야간 발한 증상이 나타나는 경우도 많다. 여성의 60~80%에서 마지막 생리 3개월 이내에 안면홍조를 경험하며, 난소 절제로 갑자기 폐경된 경우에는 증상이 더 심하게 나타나는 것으로 알려져 있다. 이런 야간 발한 증상은 평균 7~8년 정도 지속되지만, 10~15%에서는 10년 이상 또는 평생 지속된다고 한다. 대개 얼굴에서 열감이 시작되어 머리, 목, 상체로 퍼지며 몇 분에 걸쳐 지속된다.

또 폐경 여성의 45%에서는 질 건조나 작열감, 부부 관계 시 통증, 소변볼 때 통증 또는 재발성 요로감염과 같은 비뇨생식기계 증상을 경험한다. 외음부, 질, 요도 등은 에스트로젠과 관련이 있어 폐경 후 에스트로젠이 감소하면서 변화가 일어나 위축과 기능장애를 초래할 수 있다.

그 외 증상들로는 수면장애(폐경 여성의 35~60%에서 나타남), 기분 변화나 우울감, 기억력이나 집중력의 감소, 자신감과 의욕 저하, 무력감, 과민성, 관절이나 근육의 통증, 성욕 저하 등이 나타날 수 있다.

이런 증상들을 점수로 나타내는 쿠퍼만 지수가 있다. 점수가 높을수록 갱년기 증상이 심한 것으로, 10점 이상이면 주의가 필요하고, 15점 이상이면 갱년기 진료를 하는 전문의와 상담해 볼 것을 권한다.

➔ 쿠퍼만 지수

증상	정도			
	없음	약간	보통	심함
안면홍조	0	4	8	12
발한(땀)	0	2	4	6
불면증	0	2	4	6
신경질	0	2	4	6
우울증	0	1	2	3
어지럼증	0	1	2	3
피로감	0	1	2	3
관절, 근육 통증	0	1	2	3
두통	0	1	2	3
두근거림	0	1	2	3
질 건조	0	1	2	3

총점: ______________

호르몬 보충 요법

난소에서 분비하는 호르몬의 감소로 생긴 병이므로 호르몬을 보충하는 것이 치료 방법의 하나다. 갱년기 증상의 가장 대표적인 두 가지인 안면홍조와 비뇨생식기계 증상(질 건조증이나 부부 관계 시 통증 등과 같은)에 대한 가장 효과적인 치료법은 호르몬 보충 요법이다. 에스트로젠 감소로 골다공증도 발생하므로 골 소실과 골절의 예방에도 도움이 된다.

다만 모든 사람에게서 호르몬 보충 요법을 하는 것은 아니고 몇 가지 고려할 사항들이 있다. 60세 이하이면서 폐경 10년 이내이고, 다른 금기가 없다면 호르몬 보충 요법이 가장 좋다. 하지만 60세 이상이거나 폐경 후 10~20년 이후면 이득보다 심혈관계 질환, 뇌졸중, 정맥 혈전색전증 등의 위험이 증가하므로 하지 않는 것이 좋다. 참고 미루면 보충 요법을 할 수 있는 시기가 지나는 일도 있다.

호르몬 요법 시 가장 주의해야 할 것은 유방암, 자궁내막암, 그리고 혈액의 점도 증가로 인한 뇌졸중, 심근경색, 폐색전 등이다. 따라서 호르몬 요법을 하기 전에 가족력이나 개인의 병력을 확인해야 하며, 시작 전에 유방이나 자궁 등의 검사를 통해 이상 여부를 미리 확인하고 정기적으로 검사를 통해 이상소견이 나타나는지 확인해야 한다. 고지혈증 검사나 당뇨병, 심장질환 등이 있는 경우에는 호르몬 요법을 하면 안 되는 것은 아니지만 정기적으로 상태를 확인하면서 시행해야 한다. 심혈관질환의 위험도가 높거나 유방암 위험도가 높은 경우라면 호르몬 요법은 피해야 한다.

자궁이 있는지에 따라서도 치료제가 달라진다. 수술 등으로 자궁이 없는 경우라면 에스트로젠을 이용해 치료하면 되지만, 자궁이 있는 경우에는 에스트로젠을 자궁 내막 보호 효과가 있는 약과 같이 사용하거나 자궁 내막에 영향이 없는 다른 약으로 치료하게 된다.

호르몬 요법의 전체적인 장단점을 보면, 당뇨병과 모든 원인에 의한 사망률, 모든 골절, 대장암 등에 대해서는 이득이 더 많았던 반면, 폐색전증과 심부정맥 혈전증 등의 발생 위험은 더 높일 수 있는 것으로 나타났다. 자궁이 있는 경우에는 자궁 내막 보호 효과가 있는 프로게스테론을 호르몬 요법에 같이 사용하게 되는데, 이 경우에 관상동맥질환이나 유방암 가능성이 커지나 자궁절제술로 에스트로젠을 단독으로 사용해도 위험한지는 아직 확실하지 않다. 관상동맥 석회화를 오히려 감소시켰다는 결과도 있고, 침윤성 유방암이 20% 정도 감소했다는 연구도 있어서 이 부분은 확실한 결론이 나오기까지는 조금 더 기다려 봐야 한다.

현시점에서 호르몬 요법은 일반적으로 유방암, 자궁암의 발생과 연관성을 보였기 때문에 호르몬 요법을 할 경우에는 치료를 시작하기 전과, 치료 과정에서 매년 유방 촬영을 포함한 기본 검사를 반복해 위험도를 평가하는 것이 바람직하다. 주요 수술 예정이 있는 경우에는 장기간 움직이지 못해 혈액 응고 위험이 커질 수 있으므로 호르몬 요법을 중단하는 것이 좋다. 그리고 가능한 수술과 관련해 의료진의 의견을 참고하는 것이 바람직하다. 폐색전증이 발생할 위험이 증가하므로 이와 관련된 증상, 즉, 다리가 붓거나 종아리나 사타구니에 통증이 있거나, 숨이 차면서 가슴이 아프거나, 갑작스럽게 앞이 안 보이는 경우라면 호르몬 요법을 중단하고 바로 병원에 방문해 담당 의사와 상의하는 것이 좋다.

비 호르몬 요법

심혈관질환 위험이 크거나 뇌졸중 또는 갑자기 뇌로 가는 혈액이 일시적으로 부족해서 생기는 뇌졸중 증상이 2~4시간 이내에 완전히 회복되는 일과성 허혈발작, 유방암이나 자궁내막암, 간 질환 등이 있는 경우는 호르몬 요법은 금기이다.

비 호르몬 요법으로는 여러 가지가 시도되고 있지만 뚜렷하게 효과가 입증된 약물은 없다. 많은 약이 시도되고 있으나 일관된 효과가 없고, 개인 차이가 크기 때문에 합의된 치료 방법 없이 여러 가지 방법들이 시도되는 수준이다. 하지만 대표적인 비호르몬 요법에 사용되는 약제들이 안면홍조에 보이는 효과는 호르몬 요법 대비 50% 정도에 불과하며, 정식 허가사항이 아니다 보니 장기간의 데이터가 부족해 장기 사용

시 안전성에 대한 우려도 있다.

미국은 식품의약안전처에서 저용량의 항우울제를 갱년기 안면홍조에 사용할 수 있도록 하고 있지만, 우리나라에는 없는 용량이고 허가사항도 아니어서 생리 전 증후군에는 처방할 수 있지만 갱년기 치료 목적으로는 사용할 수 없다.

성요한초(세인트존스 워트)

요한이라는 이름을 사용하는 성인(聖人)이 두 명 있는데, 예수의 제자 12명 중 막내이던 '사도 요한'과 예수에게 세례를 해줬다는 '세례자 요한'이다. 세례자 요한은 예수보다 6개월 먼저 태어났다고 해서 크리스마스보다 6개월 전인 6월 24일이 그의 축일이다. 부도덕한 왕을 비난하다가 처형당했는데, 그날 어떤 풀에서 붉은 점이 나타나서 그 풀을 '성요한초'라고 했다는 이야기가 있다.

1세기에 만들어졌다는 '메디시나(De Medicina)'라는 의학 백과사전에도 성요한초를 해독제로 사용한 기록이 있다고 하니 아주 오래전부터 약으로 사용되어 온 셈이다. 십자군 전쟁 때도 상처 치료에 사용했다고 한다.

1978년 독일에서는 의료용 약물 위원회(German Commision E)가 설립되어 각 약초에 대한 평가를 시작했는데, 1984년 성요한초를 기분을 개선할 목적으로 사용할 수 있도록 인정했다. 독일에서는 의사가 처방할 수도 있고, 보험 혜택도 받을 수 있다.

이후 근거중심의학을 표방하며 의사 결정을 위한 근거들을 체계적으로 정리해 제공하는 코크란 리뷰라는 비영리 단체에서 2008년에 29건의 임상시험에 포함된 5,489명의 데이터를 분석해 주요 우울증에 대해 성요한초는 가짜 약보다 효과가 있으며, 표준 항우울제와 비슷한 효과를 내지만 부작용은 그보다 적다는 결론을 냈다.

미국의 국립 보완 통합 의학 센터(National Center for Complementary and Integrative Health)에서는 위약보다 효과적이고 항우울제만큼 효과를 보이지만 일관된 결과를 보이지 못했다고 결론을 내렸는데, 그 이유는 아마 제조사마다 용량이나 추출 방법에 차이가 있었기 때문일 것으로 보인다.

성요한초에는 두 가지 성분이 주요 작용하는데, 하이퍼리신과 하이퍼포린이다. 하이퍼리신은 도파민 분해를 억제해 도파민 레벨을 높이고, 세로토닌의 재흡수를 억제해 도파민과 세로토닌의 효과를 높이는 역할을 한다. 하이퍼포린은 노르

에피네프린, 도파민, 가바, 세로토닌 등의 재흡수를 억제하는 것으로 알려져 있다. 세로토닌은 행복 호르몬이라고 하고 부족하면 우울감이 나타나므로 이런 작용으로 우울감을 개선할 수 있다. 도파민은 열정이나 즐거움과 관련이 있고 무력감 등을 개선할 수 있다.

갱년기 여성 100명을 대상으로 한 연구에서 안면홍조의 발생 횟수와 시간을 각각 절반 정도로 줄였으며, 발생 시 나타나는 홍조의 강도도 60% 정도 감소시켰다. 또 다른 연구에서는 안면홍조 발생 횟수를 4.3회에서 0.6회로 감소시키고, 앞서 보았던 갱년기 증상과 관련된 쿠퍼만 지수를 26점에서 6.5점으로 감소시키는 효과를 보였다고 한다. 일반의약품이어서 처방전 없이도 구매할 수 있다. 몇몇은 처방을 받는 것도 가능하다. 300~400mg씩 하루 3번 복용하는 게 좋으므로 약국에서 구입할 경우에는 용량 등을 미리 확인하면 좋다.

주의사항이 몇 가지 있는데, 장기간 사용에 대한 데이터가 없으므로 3개월 이상 사용할 경우는 담당 주치의와 상의하는 것이 좋다. 또 광 과민성이 발생할 수 있는데, 광 과민성이란 약을 먹은 환자의 얼굴이나 목, 손과 같이 햇빛이 노출되는 부위에서 발진이나 가려움증과 같은 알레르기 반응이 나타나는 것으로 장시간 햇빛 노출을 하게 되는 경우, 일광욕이나 태양광 램프를 사용하는 경우에는 주의가 필요하며, 피부가 밝은색일수록 더 주의가 필요하다. 또한, 와파린과 같은 항응고제를 복용 중인 경우에도 금기이다. 두 가지가 서로 작용해서 와파린의 효과를 감소시켜 혈전 등을 유발할 수 있기 때문이다. 그 외에 몇 가지 주의사항들이 있으므로 성요한초를 복용 중이면 병원에 알리는 것이 좋다. 수술을 앞둔 경우에는 5일 이상 중단할 것을 권한다.

식물성 여성 호르몬,
야생 참마의 디오스게닌

18~19세기에는 생리통이나 출산, 혹은 복통이나 감기를 치료하기 위해 야생 참마를 사용했다고 한다. 1950년대에는 야생 참마에 디오스게닌이라는 물질이 있다는 것을 발견했다. 이 디오스게닌은 실험실에서 여성 호르몬 혹은 여성 호르몬의 전단계 물질인 DHEA를 만드는 데 사용했다. 그래서 폐경 여성이 디오스게닌 혹은 디오스게닌을 포함하고 있는 야생 참마(야생 참마는 600가지이지만 먹을 수 있는 것은 12가지 정도라고 한다)를 먹으면 에스트로젠이 많이 만들어져서 갱년기 증상에 도움이 될 것으로 생각했다. 그런 이유로 지금까지도 여러 회사에서 야생 참마를 천연 여성 호르몬 혹은 천연 갱년기 치료제 등으로 홍보하고 판매하고 있다.

실험실에서는 디오스게닌이 호르몬을 만드는 재료로 쓰일 수 있는데, 우리 몸은 디오스게닌을 이용해서 호르몬을 만들지 못한다. 그러므로 여성 호르몬과 비슷한 효과를 기대하기 어렵고, 실제로 갱년기 증상에 대해 효과를 보인 연구도 거의 없다. 다만 야생 참마의 껍질에 있는 성분이 곰팡이를 억제하는 효과가 있다는 연구 결과들이 있다. 곰팡이는 당분을 분해하는데, 이 과정에서 가스가 만들어져서 뱃속에 곰팡이가 많이 살게 되면 과일이나 빵 같은 당분을 섭취할 때 가스가 많이 만들어지면서 부글거리는 증상이 나타나기 때문에 복통에는 도움이 되었을 것으로 생각된다.

식물성 여성 호르몬, 승마 추출물

미국의 원주민들은 서양 승마(블랙 코호시)를 여성 질환 등을 치료하는 데 사용했다. 유럽에서 정착민들이 미국으로 건너왔을 때도 서양 승마를 계속 사용했으며, 미국 약전에 '블랙 스네이크루트'라는 이름으로 등재되어 있었다. 19세기에는 뱀에 물린 부위, 폐렴, 근육통, 고열, 그리고 출산 후 통증이나 생리 불순 등을 조절하는 데 사용되었다. 유럽에서 온 정착민들은 여성 건강을 증진하는 약으로 서양 승마를 사용했다. 약으로 쓰이는 부분은 땅속에 있는 부분으로 뿌리와 뿌리줄기 부분이며, 여기에 사포닌 등 다양한 성분들이 들어 있다.

효과를 확인하기 위한 많은 연구가 있었다. 2006년에 발표된 한 연구에서는 얼굴이 화끈거리는 증상과 밤에 땀이 나는 증상이 있는 45~55세의 여성 351명을 1) 서양 승마, 2) 서양 승마와 시베리아 인삼, 중국 당귀를 혼합한 약, 3) 2)번의 혼합약에 대두단백 12~20g이 포함된 대두 식품, 4) 호르몬 요법, 5) 가짜 약의 총 다섯 그룹으로 나누어 비교했다. 이 연구에서 승마 혹은 승마가 포함된 혼합약은 가짜 약과 효과가 차이가 없었고, 대두 단백질이 추가된 그룹에서는 오히려 증상이 더 악화되었다.

2009년에도 화끈거리는 증상과 밤에 땀이 나는 증상이 1주일에 적어도 35회 이상 나타나는 갱년기 여성 88명을 대상으로, 1) 승마, 2) 빨간색 클로버, 3) 호르몬, 4) 가짜 약으로 나누어 비교한 연구에서는 심지어 가짜 약을 사용한 그룹까지 포함해 모든 그룹에서 증상이 개선되었다. 그뿐 아니라 질 건조증, 우울증이나 불안증과 같은 감정의 변화, 불면증, 피로감 등에서도 차이가 없었다.

결국, 미국 산부인과 학회는 승마와 같은 영양제가 안면홍조 증상을 개선하는 것을 입증한 데이터가 없다고 결론을 내렸으며, 북미 폐경 학회에서도 서양 승마가 안면홍조 증상에 도움이 될 가능성이 작다고 입장을 발표했다.

식물에서 추출할 수 있기 때문에 여러 회사에서 비슷한

제품을 만들지만, 제품을 만드는 과정이나 원료에 차이가 크기 때문에 모든 서양 승마 영양제를 같은 것으로 볼 수는 없다. 임상적으로 가장 많이 연구된 개별 제품은 독일의 레미페민으로 우리나라에서도 쉽게 구입할 수 있다.

116명을 두 그룹으로 나눠 레미페민과 호르몬 요법에 사용하는 티볼론을 비교한 결과 두 약은 차이가 없는 것으로 나타났다. 레미페민이라는 승마 추출물 제품이 호르몬 요법과 비슷한 정도의 갱년기 증상 감소 효과를 보인 것이다. 안면홍조, 야간 발한, 쿠퍼만 지수가 비슷한 수준으로 개선되었으며, 신장 기능과 간 기능에도 차이가 없었다. 따라서 호르몬 요법을 할 수 없는 경우에 좋은 선택지가 될 수 있다. 각각의 증상을 얼마큼 개선하는지 본 다른 연구에서도 안면홍조, 발한, 불면증, 불안증 등을 개선하는 것으로 나타났으며, 비교적 안전하지만 가벼운 부작용이 동반되는 일도 있다. 복통, 두통, 발진이나 가려움증 등이 나타날 수 있다. 또 얼굴이나 손발에 부종이 나타날 수도 있다. 생약으로 된 갱년기 영양제를 복용하는 동안 이런 증상이 나타난다면 서양 승마 추출물이 있는지 확인해보고, 포함되어 있다면 일단 중단하고 담당 의사와 상의해 보도록 한다.

간 수치를 높이는 경우도 보고된 바 있지만, 인과성은 입증되지 않았다. 하지만 약을 먹는 도중에 간 수치가 높아진다면 약을 중단하고 다시 측정해보는 것이 좋다.

루시 이안 선생. 이리 와서 이것 좀 먹어.

이안 오오! 샌드위치네요? 억, 그런데 맛이. 무슨 샌드위치에요?

루시 오이 샌드위치. 빅토리아 시대 영국 귀족의 티타임에나 먹던. 예전에는 신선한 오이는 귀족만 먹을 수 있었거든. 엘리자베스 2세 여왕의 티타임에도 오이 샌드위치가 나왔다고 해. 근데 너 오이 혐오냐?

이안 혐오요? 혐오까진 아닌데, 오이를 잘 못 먹어요.

루시 미각 수용체는 사실 두 가지야. 단맛, 쓴맛.

이안 신맛은요?

루시 신맛이나 짠맛은 미각 수용체라기보다, 수소나 나트륨이 통과하는 이온 채널 같은 거야. 물론 그것이 미각으로 느껴지긴 하지만. 캡사이신을 뜨겁게 느끼게 하는 수용체와 멘톨이나 유칼립톨을 시원하다고 느끼게 하는 수용체도 있지. 쓴맛과 관련해서는 7번 염색체에 있는 미각수용체2 유전자와 관련이 있는데, 이 유전자의 변이에 따라 쓴맛에 민감하기도 하고, 쓴 맛을 거의 못 느끼기도 해.

이안 아…, 저는 그럼 쓴맛에 민감한 거군요?

루시 예전에 생물 시간에 했던 미맹 검사 생각나? PTC 검사.

이안 알고 있죠. 페닐티오카바마이드 아닙니까. 하하하. 이 정도는 기본이죠.

루시 응, 딱 기본이지. 하지만 김 박사님과 일하려면 기본으론 부족해. 쓴맛을 느끼는 게 우성이었는지, 열성이었는지는 기억나니?

이안 아, 잠깐만요. 병동에서 전화가 오나 봅니다. (아…, 뭐였더라….)

루시 쓴맛을 느끼는 게 우성이야. 쓴맛을 싫어하는 사람들은 술도 써서 싫어하는 경향이 있어. 커피보다는 홍차를 좋아하고, 시금치랑 브로콜리, 레드와인도 별로 안 좋아해. 미각이 발달해서 맛에 예민한 경우도 많아.

이안 그러면 더 민감하게 진화한 신인류인가 봅니다. 맛에 민감한 신인류 미식가라니, 풋. 어쩐지 병원 식당은 밥이 맛이 없고, 제 수준에 안 맞더라고요.

루시 독소가 많거나 상한 음식은 보통 쓰고 나쁜 맛을 내니까. 인류는 자신을 지키기 위해 쓴맛에 예민해져야 했을 텐데, 사실 이것이 더 진화한 것인지에 대해서는 논란이 있어.

이안 (질투하는 거 아냐?)

루시 뇌가 발달하고, 조리법이 발달하면서 일일이 먹지 않아도 구분할 수 있게 되었으니까. 그래서 진화하는 과정에서 쓴맛에 대한 유전자가 급격히 퇴화하고 있대. 200만 년에 걸쳐 퇴화하는 중인데, 780만 년이 걸린 다른 영장류에 비하면 4배나 빠른 것이라네. 그런데 문제는 다른 곳에 있어.

이안 문제가 있다고요?

루시 쓴맛에 민감하다 보니, 쓴맛을 없애기 위해 달고 짜게 먹는 경향이 생기지. 그래서 혈압이나 혈당을 종종 체크해보는 게 좋아.

이안 저희 아버지도 그러셨다고 하던데. 지금은 다 잘 드시는 거로 봐서는, 유전자 때문은 아니지 않을까요? 유전자가 살면서 변하는 것은 아니니까요.

루시 나이가 들면서 미각이 둔해져서 그래. 쓴맛에 대한 민감도도 조금씩 무뎌지거든.

슬기로운

환자생활

CHAPTER

9

만성피로 증후군

피로는 종종 일이 아니라 걱정, 좌절, 원망으로 발생한다.

– 데일 카네기 –

만성피로

피로는 매우 지쳐있는 상태 혹은 에너지가 부족한 상태를 의미한다. 의사를 찾아 병원에 오는 사람들이 호소하는 피로는 일상적인 활동 이후의 비정상적인 탈진 증상, 기운이 없어서 지속적인 노력이나 집중이 필요한 일을 할 수 없는 상태, 일상적인 활동을 수행할 수 없을 정도로 기운이 없는 상태 등이다. 보통 1개월 이상 지속하면 지속성 피로라고 하고, 6개월 이상 지속하면 만성피로라고 한다.

다만 피로라는 말이 갖는 의미가 너무 포괄적이다 보니 1988년에 이름으로 인한 혼란을 없애기 위해 미국 질병관리통제센터에서 만성피로 증후군에 대해 정의하고 1994년에 개정했다. 이에 따른 만성피로 증후군의 정의는 다음과 같다.

• 새롭고 발병이 분명한 피로 증상이 6개월 이상 지속하고,
• 환자를 매우 쇠약하게 만드는 심한 정돈이 피로 증상을 동반하고,
• 기억력 또는 집중력 장애, 인후통, 림프선 압통, 근육통, 관절통, 새로 발생한 두통, 잠을 자도 개운하지 않은 느낌, 운동 후의 심한 권태감, 이 8가지 중 4가지 이상 동반하고,
• 피로 증상을 유발할 수 있는 기질적, 정신적 질환이 배제된 상태

실제로 피로를 증상으로 병원을 찾는 경우도 적지 않은데, 전체 초진 환자의 약 5% 정도를 차지할 정도로 흔한 증상이다. 이들 중 지속성 피로는 15~30%, 만성피로는 10~20%, 그리고 앞의 기준을 만족하는 만성피로 증후군은 0.5~2.5%로 알려져 있다. 다른 원인을 배제하기 위해 정신상태 검사나 혈액 검사 등을 시행하며 의심되는 질병이 있는 경우 추가적인 검사를 하게 된다. 이때 다른 원인이 밝혀지면 만성피로 증후군은 아니며, 6개월 이상 반복되지만, 앞의 기준을 충족하지 않을 때는 '특발성 만성피로'라 하고, 이를 충족할 때는

'만성피로 증후군'이라고 한다.

피로 또는 만성피로를 유발할 수 있는 질병으로는 우울증이나 불안증과 같은 정신질환, 갑상선 기능저하증, 당뇨병, 만성 신부전, 만성 간부전, 악성 종양, 감염성 질환 등이 있으며, 최면제나 항우울제 등의 약물 부작용에 의해서도 피로감이 유발될 수 있다.

사실 피로 증상 자체는 하나의 질병에 의해 발생하는 특징적인 소견이라기보다는 모든 질병에서 공통되는 최종 증상 중 하나이므로 만성피로 증후군 자체를 질병으로 보기보다는 다른 원인이 있는지 파악하고 원인을 치료하는 것이 가장 중요하다. 만약 원인을 찾지 못하거나 원인으로 의심되는 병들을 잘 관리했는데도 증상이 지속된다면? 번아웃을 의심해 볼 수 있다.

일반 적응 증후군

어린 시절에는 주사를 엄청나게 싫어했다. 주사를 맞을 일이 있으면 한 달 전부터 걱정이 한가득했다. 주사실에 들어가서도 계속 주저하며 '잠깐만요'를 반복했던 것 같다. 고장 난 카세트테이프처럼….

한스 셀리예는 헝가리계 캐나다인으로 주로 내분비학을 연구하는 생리학자였다. 어느 날 실험실에서, 다양한 장기에서 추출한 물질을 쥐에게 주사하고 있었는데 주사를 맞은 쥐에서 같은 증상이 나타났다. 부신이 붓고, 흉선에 위축이 오며, 위와 십이지장에 궤양이 생겼다. 그는 자신이 새로운 호르몬을 발견했다고 믿고 있었다. 훌륭한 과학자였던 그는 대조군을 이용한 실험을 한다. 다른 장기에서 추출한 물질이 아니고 가짜 약을 주사해 보았는데, 놀랍게도 비슷한 증상이 부신과 흉선, 위와 십이지장에서 나타났다. 모든 조건을 같게 하고 약만 바꾸었는데도 똑같은 증상이 나타났다고? 그렇다면 두 실험에서 동일했던 무언가에 의해 증상이 발생했다는 것인데…, 그것은 바로 스트레스였다. 나처럼 주사를 맞기 싫어했던 쥐들은 주사를 피해 도망 다니면서 스트레스를 받았을 것이다. 스트레스 때문에 부신이 붓고, 위와 십이지장에 궤양이 발생했다.

이를 입증하기 위해 한스 셀리에의 실험실 쥐들은 혹독한 고난을 몇 차례 더 겪어야 했다. 극한 상황을 유발해 스트레스에 의해 비슷한 반응이 재현되는 것을 확인하고, 이를 '일반 적응 증후군'이라고 이름 붙였다. 우리 몸은 스트레스가 나타나면 비슷한 과정을 겪게 된다. 그것이 감기이건, 가정불화건, 애인과의 다툼이건, 학교 시험이건, 큰 수술이건 상관없이 스트레스의 종류에 무관하게 나타난다. 그는 스트레스가 원인과 상관없이 일반적인 반응을 초래하며, 이를 '일반 적응 증후군'이라 하여, 1) 경보, 2) 저항, 3) 탈진의 3단계를 거친다고 주장했다.

경보 단계는 스트레스를 유발하는 일이 처음 나타났을 때이다. 우리의 몸은 이에 대응하기 위한 자원들을 모으기 시작한다. 어두운 밤, 아무도 없는 좁고 긴 골목 끝에서 무섭게 생긴 사람이 걸어오고 있다고 생각해보자. 언제든 싸우거나 도망칠 수 있게 몸은 준비한다. 본능적으로. 뇌에서는 호르몬을 내보내서 에너지를 잘 쓸 수 있게 만든다. 근육은 긴장하고, 혹시 몇 대 맞아도 안 아프게 통증에 대한 민감도를 낮춘다. 에너지를 집중하기 위해 음식을 소화하는 건 잠시 미룬다(음식 소화도 에너지가 많이 필요하므로). 그리고 뇌에도 혈액이 잘 도달하도록 혈압을 높인다. 뇌에 혈액 공급이 잘 이뤄져야 머리를 쓸 수 있으니까.

저항 단계에서는 경보 단계의 과정이 지속하면서 우리 몸의 자원이 고갈되기 시작한다. 아무 일 없이 골목을 지나왔다면 여기서 대충 마무리가 된다. 9회 말 2사 만루에 3점 지고 있는 상황에서 내 차례가 왔다. 홈런이면 역전이 가능하다. 타석에 들어서기 전부터 두근거리고 심장이 터질 것 같다. 온 신경을 집중해서 공을 기다리고 있다. 그런데 투수가 공을 던지지 않는다면? 하루, 이틀, 사흘, 그 상태로 시간이 계속 흐른다면 어떻게 될까? 계속 집중해서 기다리는 동안 저항 단계에서 사용할 수 있는 자원을 다 소모하게 된다. 급할 때 사용할 수 있는 이런 자원들은 사실 온수통에 담겨있는 뜨거운 물처럼 제한이 있다. 이 단계에서 사람들은 심한 피로감을 느끼기 시작하고 질병에도 취약해진다. 또 스트레스가 신체 증상으로 나타나는 심신증(心身症)이 생긴다. 주로 근육통이나 두통, 소화불량, 호흡곤란 등을 호소하는 경우가 많다.

자원이 모두 고갈되면 탈진 단계가 된다. 탈진 단계에서는 호르몬과 다른 자원들이 모두 고갈된다. 그리고 불안증, 짜증, 책임 회비, 판단력 저하 등의 행동이 나타난다. 상황에 대처하는 호르몬들의 고갈로 몸이 스트레스 상황에 잘 대응하지 못하게 된다.

실제로 어린 나이에 회사에서 승승장구하거나, 성실함을 무기로 남보다 부지런히 일하면서 사업을 일궈낸 사장님들이 어느 날 갑자기 직장이나 사업을 그만두고 조용한 시골로 내려가는 경우는 이런 단계를 거치는 경우가 많다. 일에 중독되면서 저항기와 같이 몸에 있는 모든 것들을 쏟아부은 후 번아웃이 오고 허망함을 느끼면서 일을 그만두게 된다. 그 무렵 건강이 안 좋다고 느껴져 병원을 방문하는 사람들이 많다.

부신 피로

피로는 일종의 배제 진단이다. 이것이 무슨 말이냐면, 피로감을 일으킬 수 있는 원인을 다 제외하고도 적절한 진단명이 없을 때 만성피로 또는 만성피로 증후군으로 진단한다. 그래서 검사도 많이 하게 된다. 가능성이 있는 질병들을 모두 배제해야 하니까.

별다른 원인이 없는 것이 아니라 찾지 못하는 경우가 더 많다. 저항 단계를 거치면서 우리 몸에서 고갈되는 자원 중에는 스트레스 호르몬인 코르티솔이 있다. 코르티솔이 상승한 채 오래 지속되면 혈당을 높이고 인슐린 저항성을 초래해 비만을 유발한다고 앞서 언급한 바 있다. 스트레스를 받으면 코르티솔이 분비되기 때문에 스트레스 호르몬이라고 부른다. 그런데 이런 과정이 길어지면서 온수통의 뜨거운 물처럼 코르티솔이 다 사라지는 경우가 있다. 그러면 우리는 스트레스에 대한 대응 능력이 감소하게 된다.

코르티솔은 부신에서 분비되기 때문에 코르티솔이 소진되어 나타나는 피로 증상을 흔히 부신 피로라고 부른다. 국제 질병 분류에 등록된 정식 병명은 아니지만, 외래에서 만나는 피로 증상을 호소하는 사람의 대부분이 여기에 해당한다. 또한, 마땅한 표현이 없어 흔히 부신 피로라는 이름을 사용하는데, 부신은 결핵이나 매독 혹은 암이 전이 되면서 파괴되어 기능을 못 하거나 다른 자가면역질환 등으로 기능을 상실하여 발생하는 애디슨병과는 다른 것이다.

부신 피로는 다양한 증상을 동반한다. 대표적으로 혈당 조절이 잘 안 된다. 음식을 먹으면 혈당이 오르고, 인슐린에 의해 혈당이 감소한다. 그런데 혈당이 너무 감소할 것 같으면 우리 몸은 혈당을 높이기 위해 노력하는데, 이때도 코르티솔이 분비된다. 그래서 가끔 식사를 건너뛰어도 크게 문제가 없다. 저녁 식사부터 아침까지 아무것도 먹지 않지만, 우리 몸은 일정한 혈당을 유지하는 이유도 이런 호르몬 덕분이다. 이 호르몬이 부족하면 혈당이 떨어지고, 혈당이 계속 떨어지면 위험하므로 몸에서는 교감신경을 활성화한다.

교감신경은 우리가 긴장할 때 활성화되는데 두근거리고, 식은땀이 나고, 동공이 커지고, 호흡이 빨라지고, 근육이 긴장하는 등의 반응을 초래한다. 다만 이런 상태를 온종일 유지하면 몸이 버틸 수가 없기 때문에 교감신경을 유발하는 물질들은 반감기가 짧은 편이다. 간혹 긴장하면 몸이 두근거리거나 식은땀이 날 수 있는데, 대개 10분을 넘기는 경우는 거의 없는 이유다. 당이 떨어져서 교감신경이 활성화되면 두근거리고, 식은땀이 난다거나 두통이 발생할 수도 있다. 특히 저녁 이후 금식 상태가 길어지면 새벽 2~3시에 교감신경이 활성화되면서 잠을 깨는 경우가 많으며, 특히 저혈당의 특징 중 하나인 악몽을 꾸면서 깨는 경우도 많다. 잠이 깨면 식은땀으로 이불이 약간 축축한 경우도 있고, 다시 잠들기 어려워 뒤척거리다가 아침이 돼서 출근할 무렵에 다시 잠이 쏟아져 온종일 피로감이 지속된다.

당이 떨어지는 증상은 낮에도 나타날 수 있는데, 보통 식사 후 1~2시간이 지나면서 잠이 쏟아진다거나, 기운이 빠지는 경우가 많다. 이때는 커피로 버티는데, 커피는 증상을 다시 악화시키는 경우가 많다. 카페인이 혈당을 올려주면 우선은 잠잠해지지만, 시간이 지나면 인슐린에 의해 혈당이 더 많이 감소하기 때문이다. 그러면 보통 두 번째 커피를 마시기도 하고, 어찌어찌 점심시간까지 버티다가 오후에도 비슷한 일과가 반복된다. 점심을 먹은 후 업무를 시작할 무렵부터 서서히 졸리다가 교감신경에 의해 정신이 말똥말똥해질 무렵 퇴근 시간이 다가온다. 그 전에 교감신경에 의해 약간의 두근거림 증상이나 두통 등이 있을 수 있다. 가슴만 빨리 뛰는 것이 아니라 호흡이 빨라지는데, 민감한 사람들은 숨이 차다고 느낄 때도 있고, 아주 심한 때는 공황장애처럼 오기도 한다.

혈압이 낮은 경우도 있다. 코르티솔은 장에서 나트륨 흡수를 돕고 신장에서는 나트륨이 빠져나가지 않게 한다. 코르티솔이 소진되면 나트륨이 다 빠져나간다. 나트륨이 부족하면 몸에 수분이 빠져나가서 혈압이 잘 유지되지 않는다. 그래서 부신 피로 환자 중에는 앉았다 일어설 때 어지럼증을 호소하기도 한다. 그리고 나트륨이 많이 빠져나가고 당이 잘 떨어지기 때문에 감자튀김처럼 탄수화물과 염분이 많은 음식을 찾기도 한다.

코르티솔이 과도한 저항기와 소진된 탈진 단계에 주로 나타나는 증상은 다음과 같다. 물론 개인차가 있으므로 모든 증상이 꼭 맞는 것은 아니다.

코르티솔 소진	코르티솔 과다
• 쇠약감 • 체중감소 • 피로 • 스트레스 저항력 감소 • 식욕 부진 • 설사와 변비가 교대로 나타남 • 짜게 먹기 • 기립 저혈압 • 관절 통증 • 다크서클 • 저혈압 • 빈혈	• 달게 먹기 • 복부 비만 • 인슐린 저항성 • 쇠약감 • 식사와 식사 사이 저혈당 • 짜증 • 고혈압 • 생리 불순 • 유분기가 많은 피부 • 수면장애 • 두통

소프트벨리 호흡법

클린턴과 부시가 대통령이던 시절에 백악관의 대체의학 정책에 관여한 조지타운 의과대학의 정신과 교수 제임스 고든은 긴장감과 스트레스를 줄이기 위한 방법을 만들었다. 실제로 그는 코소보나 가자지구의 상처받은 아이들이나 아프가니스탄 전쟁에서 돌아온 군인들, 그리고 911테러나 태풍 카트리나가 지나간 루이지애나 등 곳곳에서 자신이 만든 스트레스 줄이기 방법을 소개해 도움을 주었다. 소개를 길게 하는 이유는, 그러니까 믿을 만한 사람이라는 것을 알려주기 위해서다.

소프트벨리는 배를 부드럽게 한다는 의미이다. 제임스 고든의 주장에 따르면 배가 부드럽고 편안해진 상태에서 코를 통해 천천히 깊게 숨을 들이마시고 입으로 숨을 내쉬면 폐의

아래쪽 깊은 곳까지 더 많은 공기가 유입되어 산소 교환이 잘 이뤄진다고 한다. 또 심장, 폐, 부신, 소화기관 등의 무의식적 운동을 조절하는 자율신경계의 부교감 신경과 연관된 미주신경을 활성화해서 심박수를 늦추고, 혈압을 낮추며, 스트레스 반응으로 인해 긴장되는 우리 몸의 큰 근육들을 이완시키고 소화에도 도움을 준다고 한다. 또 두려움과 분노를 담당하는 뇌의 편도체 활동을 가라앉히며, 자기 인식, 신중한 의사결정 및 연민을 담당하는 대뇌피질의 전두엽 부위를 활성화한다고 한다. 이런 과정들을 통해 전체적으로 스트레스 반응을 잠재우고, 두려움과 분노를 가라앉히며, 자기 인식과 신중함, 연민을 향상한다.

일단 한 번 해보는 것이 중요하니까. 방법은 다음과 같다.

소프트벨리 호흡법

1. 편안하게 앉는다.
2. 눈을 감고 코로 숨을 깊이 들이마신다.
3. 이때 다섯을 세면서 천천히 들이마신다.
4. 그리고 하나를 세면서 호흡을 멈춘다.
5. 다시 다섯을 세면서 입으로 숨을 내쉰다.

6. 이때 숨을 내쉬면서 몸에 힘을 쭈우우우욱! 빼야 한다.
7. 1~6번까지 이 과정을 다섯 번 반복한다.

다섯 번이 충분하지 않으면 몇 번 더 해도 된다. 눈을 감는 것은 외부의 자극을 많이 줄일 수 있기 때문이다. 코로 들이마시면서 자신에게 '소프트'라고 말하고, 내쉬면서 '밸리'라고 할 수도 있다. 단어에 집중하면서 배가 부드러워지는 느낌에 집중한다. 이렇게 천천히 깊게 호흡하면서 몸 안의 모든 근육이 이완되기 시작한다. 배와 골반, 엉덩이가 이완되는 느낌, 다리와 발, 등의 위아래가 모두 이완되는 느낌, 숨을 내쉴 때 등 근육이 모두 이완되는 느낌, 가슴과 어깨, 팔과 손의 이완을 느껴보자. 그리고 목과 얼굴, 머리의 근육이 이완되는 느낌을 느껴보자. 숨을 내쉴 때마다 몸 전체가 이완되는 느낌을 받을 수 있다. 마무리되면 천천히 부드럽게 눈을 뜨자.

하루에 두 번을 해야 한다거나 혹은 다섯 번은 해야 한다는 주장들이 있고, 한 번에 5분이면 충분하다는 사람부터 20분은 해야 한다는 사람들도 있는데, 제임스 고든의 답은 '사람마다 다르다'였다. 딱히 정해진 것은 없다고 하지만 아침이나 자기 전에, 혹은 스트레스를 받을 때 종종 하면 도움이 될 것 같다. 진짜 효과가 있냐고? 일단 한번 해보시라. 이 말이 믿음을 더 줄 수 있을지는 모르겠지만 제임스 고든은 하버드 출신이다. 그런데 이게 만성피로와 무슨 상관이냐고?

스트레스에 대한 저항 단계에서 스트레스를 이겨내기 위해 코르티솔이 계속 소모된다. 이 단계가 지나면서 스트레스 호르몬이 모두 소진되면 탈진 단계가 오고 번아웃 상태가 된다. 명상이나 호흡법은 스트레스로 인한 만성피로의 진행이나 악화를 막는 데 도움이 된다.

우주 비행사의 영양제, 홍경천

홍경천은 히말라야, 시베리아나 중국 남서부 같은 고산 지대에서 자라는 허브이다. 강한 자외선, 산소 부족, 추위, 짧은 일조량 같은 악조건을 가진 3,500~5,000m의 고산지대에서 자란다. 홍경천이라는 이름은 청나라 때 만들어졌는데, 청나라에 대한 반란이 장기화되자 잦은 전투와 행군으로 병사들이 많이 피로해졌다. 근심이 많아진 황제가 근심을 잊으려고 숲을 걷는데 한 노인이 나타나 약초를 보여주면서, 이 약초를 씻어 잘게 잘라 술에 넣어 병사들에게 먹이면 피로가 풀리고 원기가 회복될 것이라고 했다. 노인의 말대로 술을 만들어 병사들에게 나눠주자 약초를 먹은 병사들이 원기가 회복되어 반란을 잠재웠다고 한다.

영어 이름은 로디올라로 작은 장미를 뜻하는 이름이라고 한다. 뿌리에서 장미 냄새가 나기 때문에 붙은 이름이다. 우리나라에서는 바위돌꽃이라고 하는데 바위 표면에서 잘 자라기 때문에 붙은 이름이다. 유럽에서도 이미 3,000년 전부터 사용됐으며, 주로 우주 비행사나 잠수정 승무원, 셰르파와 같이 극한직업군에서 많이 사용했다. 히말라야 등반을 돕는 셰르파들도 홍경천 뿌리를 씹어 먹는다고 한다.

홍경천과 관련된 소규모 연구들이 있었는데, 60명 정도를 대상으로 가짜 약과 홍경천의 효과를 비교한 연구에서 번아웃 증상이나 우울감을 감소시키는 것으로 나타났으며, 야근 후의 피로감이나 가벼운 우울증에도 도움을 주었다는 연구들이 있다. 일반적으로 홍경천 추출물은 하루 200~600mg 정도로 복용하는 것이 효과가 있다고 알려져 있다. 최근에는 우리나라에도 많이 소개되고 있으므로 쉽게 시도해 볼 수 있다.

긴장감을 줄여주는 테아닌

테아닌은 녹차에서 처음 발견되었다. 1949년에 일본에서 처음 발견되었으며, 1950년에는 처음으로 녹차에서 테아닌을 추출하였다. 처음 테아닌을 추출한 것은 '옥로'라는 고급 찻잎이었다. 일반적인 찻잎과 다르게 재배하기 전에 적어도 20일 이상 햇빛을 가리는데 이 과정에서 테아닌이 더 많아지고 맛도 일반적인 녹차와 조금 달라진다고 한다.

테아닌은 스트레스로 인한 긴장감을 줄여주는 것으로 알려져 있다. 중요한 면접을 앞두고 있거나 시험을 앞둔 상태에서 긴장감을 줄이는 데 도움이 된다. 일반적인 불안증 치료 약물들의 경우 긴장감을 줄여주는 대신 졸음과 같은 부작용이 있지만, 테아닌의 경우에는 졸음을 유발하지 않고 긴장감을 줄여줄 뿐 아니라 집중력을 개선해 줄 수 있다. 졸린 느낌이 없는 것이 신경안정제보다 테아닌이 갖는 가장 큰 장점이라고 할 수 있다.

먹으면 30분 안에 뇌까지 도달하기 때문에 빠르게 효과를 기대할 수 있다. 수학 시험을 앞둔 학생들을 대상으로 테아닌과 신경안정제를 비교한 연구가 있었는데, 이 연구에서 테아닌은 맥박수를 낮추어 두근거리는 증상을 완화시켰을 뿐 아니라 인지기능을 개선했고 뇌에서는 알파파를 유도하는 것으로 나타났다. 알파파는 주로 눈을 감고 마음이 안정되면서 각성할 때 나타나는 뇌파로, 주로 편안한 상태에서 명상할 때 나오는 뇌파이다. 알파파가 유도되는 것은 테아닌을 이용한 많은 연구에서 나타났으며, 테아닌이 마음을 안정시킨다는 근거로 사용된다. 집중력을 극대화하기 위해 약간의 카페인과 병행하는 경우도 있다.

노네날을 줄이는 방법

1. 노네날 제거를 위한 비누 사용
2. 정기적으로 땀이 나는 운동(노폐물 제거에 도움)
3. 노네날 제거 세제로 옷과 침구류 세탁
4. 술, 담배는 바이바이!

루시 207호 탐 아저씨 퇴원 준비는 잘돼가?

이안 네. 정이 많이 들었는데 아쉽네요. 아까 그 김밥이랑 만두도 탐 씨가 사다 주신 거예요.

루시 아. 그래? 퇴원하시기 전에 감사 인사라도 드려야겠다.

이안 퇴원하고 손주를 보러 가실까 한대요. 그런데 손주 녀석이 할아버지 냄새가 난다고 할까 봐 걱정하시더라고요. 매일 구석구석 씻는데 왜 그런지 모르시겠다고.

루시 노년취(老年臭) 때문이지, 뭐.

이안 노년취? 그게 뭐예요.

루시 나이 든 사람 둘에게서 나는 냄새. 혹은 나이가 들수록 냄새가 난다고 해서 가령취(加齡臭)라고도 해.

더할 가(加). 나이 령(齡). 냄새 취(臭).

이안 학교 다닐 때 배웠던 건가요? 도무지 기억이….

루시 뭐, 그렇다기보다는 상식이지. 1999년 일본의 화장품 회사 '시세이도'가 노인들에게서 냄새를 만드는 물질을 발견했는데, '2-노네날'이라는 물질이었대. 40세 미만에서는 노네날이 발견되지 않았는데, 40세 이상에서는 69%에서 발견되었대.

이안 신기하네요.

루시 2-노네날은 불포화 알데하이드 종류로, 오래된 맥주나 오이 혹은 오래된 기름 냄새가 나고, 오래된 책에서도 비슷한 냄새가 날 수 있대. 오메가-7 지방산이 산화되면서 만들어진다는데, 40세 이전에는 피부의 항산화 성분이 풍부해서 지방산이 잘 산화되지 않는데, 40세가 넘어가면서 이런 작용이 감소해서 냄새가 나기 시작한다는 거지.

이안 갑자기 아빠 냄새가 생각나네요.

루시 노네날을 없앨 방법을 정리해서 탐 아저씨께 전해드려.

이안 네. (아, 괜히 말했네.)

에필로그

처음부터 뭔가 큰 기대를 하면서 이 책을 읽기 시작하고 마지막 페이지를 넘겨서 여기까지 왔다면 지금쯤 실망하고 있을지도 모르겠다. 책이 다 끝났는데도 뭔가 한 번에 엄청나게 건강해질 수 있는 비법이 없어 허전할 수도 있다.

매년 받아보는 건강검진 결과표가 수능시험이라면 좋은 생활습관은 공부와 같다. 수능 시험 1등을 한 친구들이 하는 말은 해마다 진부할 정도로 비슷한데, 예습 복습을 철저히 하고, 수업시간에 집중했다는 것에서 크게 벗어나지 않는다. 그런데 생각해보면 그것 외에 좋은 점수를 받을 수 있는 방법이 있을까? 이런 저런 방법으로 좋은 결과를 얻었다고 해도 공부를 하지 않고 좋은 점수를 받을 수는 없다. 건강도 마찬가지다. 매일 꾸준히 나쁜 음식보다는 좋은 음식을 먹고, 꾸준히 운동을 하는 것이 건강 관리의 기본이다. 그것이 이뤄지지 않고 건강해지겠다고 생각한다면, 공부를 하지 않고 서울대학교에 가겠다는 것과 다름이 없다. 공부와 마찬가지로 건강도 꾸준히 노력한 만큼 성과를 얻을 수 있다.

의학 정보를 가장한 광고들의 범람. 비법을 알려준다고 해서 클

릭해보면 결국 엉터리 정보에 자신들의 비법 영양제를 고가에 구입하라는 내용들이 대부분이다. 실제로 진료실에서 이런 경우들을 보면 안타까울 때가 많다. 보험도 적용되지 않아 치료약보다도 비싼 정체불명의 영양제들을 복용하고 있는 경우가 적지 않다. 분명한 것은 좋은 습관이 없다면 이런 약들은 효과가 지속될 수 없으며, 그런 약들의 효과는 약 대신 좋은 습관으로도 충분히 도달할 수 있는 것들이다. 부디 이런 상술에 현혹되지 마시길.

좋은 생활 습관이 공부와 다른 것이 있다면, 서울대학교에 갈 수 있는 사람의 수는 정해져 있지만, 건강해 질 수 있는 사람에는 제한이 없다. 누구나 노력한 만큼 건강해질 수 있기 때문이다.

노력으로 부족한 부분이 있자면 현대 의학의 도움을 받으면 된다. 혈압약이나 당뇨병 약을 먹는 것은 번거로운 일이긴 하지만 부끄러운 일은 아니다. 건강을 위해 비타민C를 먹는 것처럼 자연스럽고 당연한 일이다. 중요한 것은 이런 과정을 통해 우리가 건강을 유지하는 것이다.

정상 혈압, 정상혈당, 정상체중을 유지하려고 하는 것은 그것이 당장 불편하거나 아프기 때문은 아니다. 고혈압, 당뇨병, 비만 등으로 인해 발생할 수 있는 주요 합병증, 즉, 심장마비나 뇌졸중 등을 예방하기 위해서다. 따라서 생활습관으로 조절이 부족해 약물의 도움을 받는 것은 이런 합병증을 방지하기 위한 가장 적극적인 예방요법이라고 할 수 있다.

이번 책에서는 진료실에서 환자들이 궁금해 했던 내용들, 말씀드리고 싶어도 시간이 부족해 전달할 수 없었던 내용들을 정리해보았다. 물론 궁금한 것들이 훨씬 더 많겠지만, 일단은 이 책으로 그 중 몇 가지 만이라도 해결 되었기를 바래본다.

기회가 된다면 다음에는 루시와 이안의 수업시간에 당신을 초대하고 싶다.
이 책에 있는 좋은 생활습관들이 당신의 약이 될 수 있기를 바라며,
그때까지 늘 건강하시길.